CONVENTION COLLECTIVE NATIONALE
du 9 septembre 1988

(Etendue par arrêté du 24 février 1989)

(Mise à jour le 22 mars 2004)

IDCC : 1527

IMMOBILIER

(Administrateurs de biens,
sociétés immobilières, agents immobiliers, etc.)

21e édition. – Mars 2006

ISBN 2-11-076122-9

ISSN 0767-4538

AVIS AU LECTEUR

Qu'est-ce qu'une convention collective ?

La convention collective est un accord écrit qui résulte de la négociation entre syndicats de salariés et d'employeurs. Elle peut être conclue :

- au niveau de l'entreprise (elle s'applique alors uniquement aux salariés de cette entreprise) ou au niveau d'une branche professionnelle (la coiffure, le bâtiment, l'industrie textile...) ;
- au niveau départemental, régional ou national.

La convention collective comprend généralement un texte de base et des avenants, accords ou annexes issus de négociations ultérieures sur des points particuliers.

Il faut distinguer la convention de l'accord collectif.

La convention collective traite de l'ensemble des conditions d'emploi, de travail et de formation professionnelle des salariés et de leurs garanties sociales pour toutes les catégories professionnelles.

L'accord collectif ne traite qu'un ou plusieurs sujets déterminés dans cet ensemble.

A qui s'applique une convention collective ?

A tout salarié travaillant dans une entreprise couverte par une convention collective.

Un employeur membre du syndicat patronal qui a signé le texte doit appliquer la convention collective.

Toutefois si la convention collective a été « étendue » par arrêté du ministre chargé du travail, elle s'applique à toutes les entreprises de la branche professionnelle et du secteur géographique entrant dans son champ d'application.

Un employeur peut aussi décider volontairement de l'appliquer.

Comment identifier et consulter sa convention ?

Une convention collective est en général identifiée par son titre. Pour faciliter le repérage de la convention collective applicable, il existe un numéro unique d'identification des conventions collectives, **l'IDCC (identifiant des conventions collectives).**

Cet IDCC est un numéro de 4 chiffres maximum, attribué par le ministère chargé du travail à toute convention quel que soit son champ d'application géographique, économique ou socioprofessionnel. Les accords et les avenants à une convention collective portent le même numéro IDCC que cette convention collective.

La recherche de l'IDCC peut être effectuée sur le site Internet du ministère à l'adresse suivante : http ://www.travail.gouv.fr/idcc/

La convention collective de branche applicable à l'entreprise doit normalement être mentionnée sur le bulletin de paie et sur un avis affiché sur les lieux de travail qui doit préciser l'endroit où un exemplaire à jour est tenu à la disposition du personnel, ainsi que les conditions dans lesquelles il peut être consulté. Les représentants du personnel de l'entreprise doivent disposer d'un exemplaire. Si l'entreprise dispose d'un intranet, l'employeur doit mettre la convention collective sur celui-ci.

Les conventions collectives sont consultables dans les directions départementales du travail, de l'emploi et de la formation professionnelle (DDTEFP) dont les coordonnées sont disponibles sur http ://www.travail.gouv.fr

Comment se procurer sa convention collective ?

La Direction des Journaux officiels édite les conventions collectives qui ont fait l'objet d'un arrêté d'extension (collection identifiée par une couverture bleue), ainsi que les *conventions collectives non étendues* (collection identifiée par une couverture orange).

Ces ouvrages sont en vente :

- à la librairie des Journaux officiels, 26, rue Desaix, 75727 Paris Cedex 15 ;
- à la librairie de la Documentation française, 29-31, quai Voltaire, 75344 Paris Cedex 07 ;
- sur le site www.ladocumentationfrancaise.fr ;
- par courrier adressé à la Documentation française, service de vente, 124, rue Henri-Barbusse, 93308 Aubervilliers Cedex ou par télécopie au 01-40-15-68-00.

Les conventions collectives nationales étendues sont également consultables sur le site www.legifrance.gouv.fr

Comment actualiser sa convention collective ?

L'actualisation de cet ouvrage entre deux dates d'édition est accessible sur le site www.journal-officiel.gouv.fr, à partir de son numéro de référence ou de l'IDCC.

Le *Bulletin officiel* des conventions collectives (BOCC) qui publie chaque semaine les avenants aux conventions collectives est accessible sur le site de la Direction des Journaux officiels à la même adresse (www.journal-officiel.gouv.fr). Cette édition est également disponible sur abonnement à la Direction des Journaux officiels.

Le **CIRA** (Centre interministériel de renseignements administratifs) 3939 (0,12 €/mn) et le service **Info-emploi** 0825 347 347 (0,15 €/mn) permettent d'obtenir tous renseignements sur la réglementation du travail.

La **date de mise à jour** correspond à la date d'impression de l'ouvrage.

La **présentation typographique** permet de déterminer la nature du texte :

Caractères romains : texte étendu

Caractères italiques : texte non étendu

SOMMAIRE

Pages

Pages

A. – ANNEXES À LA CONVENTION COLLECTIVE

B. – ANNEXES AUX ACCORDS D'ENTREPRISES

FORMATION PROFESSIONNELLE

LISTE CHRONOLOGIQUE DES TEXTES

Convention collective nationale de l'immobilier (administrateurs de biens, sociétés immobilières, agents immobiliers, etc.) *(arrêté d'extension du 24 février 1989).*

Texte de base mis à jour au 1er janvier 1984, par accord du 11 janvier 1984 se substituant à la convention du 5 juillet 1956, modifié et complété par :

Avenant n° 1 du 30 mars 1984 ;

Avenant n° 2 du 7 juin 1984 ;

Avenant n° 3 du 7 juin 1984 ;

Avenant « Salaires » du 25 janvier 1985 ;

Avenant « Salaires » du 13 décembre 1985 ;

Accord « Salaires » n° 16 du 15 mai 1986 ;

Avenants nos 4 et 4 *bis* du 26 septembre 1986 ;

Avenant « Salaires » du 18 juin 1987 ;

Additif du 11 décembre 1987 à l'avenant n° 4 du 26 septembre 1986 ;

Accord du 11 décembre 1987 *(arrêté d'extension du 24 février 1989)* ;

Avenant « Salaires » du 27 mai 1988 *(arrêté d'extension du 24 février 1989).*

Mise à jour au 9 septembre 1988

Modifié et complété par :

Avenant « Salaires » n° 1 du 10 mars 1989 *(arrêté d'extension du 10 juin 1989)* ;

Avenant n° 2 du 23 juin 1989 *(arrêté d'extension du 18 octobre 1989)* ;

Avenant « Salaires » n° 3 du 27 octobre 1989 *(arrêté d'extension du 20 avril 1990)* ;

Avenant « Salaires » n° 4 du 15 octobre 1990 *(arrêté d'extension du 24 juin 1991)* ;

Avenant n° 5 relatif à la durée du travail du 17 janvier 1991 *(arrêté d'extension du 25 juin 1991)* ;

Annexe à l'avenant n° 5 du 17 janvier 1991 *(arrêté d'extension du 25 juin 1991)* ;

Avenant « Salaires » n° 6 du 16 octobre 1991 *(arrêté d'extension du 23 janvier 1992)* ;

Avenant nº 7 du 17 décembre 1991 ;

Avenant « Salaires » nº 8 du 28 octobre 1992 *(arrêté d'extension du 28 janvier 1993)* ;

Accord du 28 octobre 1992 portant constitution de la commission paritaire nationale de l'emploi et de la formation professionnelle *(arrêté d'extension du 9 février 1994)* ;

Avenant nº 9 du 10 février 1993 ;

Avenant nº 1 du 17 juin 1993 à l'accord du 28 octobre 1992 ;

Avenant « Salaires » nº 10 du 19 octobre 1993 *(arrêté d'extension du 13 juillet 1994)* ;

Avenant nº 10 *bis* du 19 octobre 1993 ;

Additif du 21 décembre 1993 à l'accord du 28 octobre 1992 *(arrêté d'extension du 9 février 1994)* ;

Avenant du 22 novembre 1994 à l'accord du 28 octobre 1992 *(arrêté d'extension du 15 février 1995)* ;

Avenant « Salaires » nº 11 du 22 novembre 1994 *(arrêté d'extension du 10 mai 1995)* ;

Avenant nº 12 du 25 octobre 1995 ;

Avenant « Salaires » nº 13 du 7 novembre 1995 *(arrêté d'extension du 23 février 1996)* ;

Additif du 20 décembre 1995 à l'accord du 28 octobre 1992 *(arrêté d'extension du 12 février 1996)* ;

Avenants nºs 14 et 14 *bis* du 25 juin 1996 *(arrêté d'extension du 29 août 1996)* ;

Avenant « Salaires » nº 15-1 du 27 novembre 1996 *(arrêté d'extension du 14 février 1997)* ;

Avenant nº 15-2 du 27 novembre 1996 ;

Avenant du 27 novembre 1996 *(arrêté d'extension du 21 février 1997)* ;

Avenant nº 16 du 20 mars 1997 *(arrêté d'extension du 1er juillet 1997)* ;

Avenant nº 1 du 23 septembre 1998 ;

Avenant « Salaires » nº 17 du 28 octobre 1998 *(arrêté d'extension du 2 février 1999)* ;

Accord du 22 décembre 1998 *(arrêté d'extension du 9 décembre 1999)* ;

Avenant nº 1 du 24 février 1999 ;

Avenant nº 2 du 31 mars 1999 ;

Avenant nº 18 du 31 mai 1999 ;

Avenant « Salaires » nº 19 du 10 avril 2000 *(arrêté d'extension du 26 juillet 2000)* ;

Avenant nº 20 du 29 novembre 2000 relatif à l'aménagement et la réduction du temps de travail *(arrêtés d'extension du 17 août 2001 et 25 septembre 2001)* ;

Avenant nº 22 du 6 mars 2001 modifiant l'article 4 de la convention collective *(arrêté d'extension du 3 juillet 2001)* ;

Avenant « Salaires » n° 21 du 6 mars 2001 *(arrêté d'extension du 23 juillet 2001)* ;

Accord du 6 mars 2001 relatif à un projet d'avenant n° 23 sur la reconduction de l'article 12 de l'accord du 22 décembre 1998 *(arrêté d'extension du 11 octobre 2001)* ;

Avenant n° 20 *bis* du 6 novembre 2001 relatif à l'ARTT (modificatif de l'avenant n° 20 du 29 novembre 2000) *(arrêté d'extension du 26 juillet 2002)* ;

Avenant « Salaires » n° 24 du 4 décembre 2001 *(arrêté d'extension du 21 juin 2002)* ;

Avenant n° 2 du 2 décembre 2002 reconduisant l'accord du 22 décembre 1998 *(arrêté d'extension du 26 mars 2003)* ;

Accord « CQP » du 11 décembre 2002 *(arrêté d'extension du 8 juin 2004)* ;

Avenant « Salaires » n° 25 du 14 novembre 2003 *(arrêté d'extension du 13 février 2004)* ;

Mise à jour au 22 mars 2004

Modifié et complété par :

Accord n° 1 « CQP » du 1er avril 2004 *(arrêté d'extension du 22 octobre 2004)* ;

Avenant n° 3 « Reconduction de l'OPCA » du 15 septembre 2004 *(arrêté d'extension du 2 mars 2005)* ;

Avenant n° 27 « Mise en œuvre de l'avenant n° 26 » du 30 mai 2005 *(arrêté d'extension du 25 janvier 2006)* ;

Avenant n° 28 « Salaires » du 6 juillet 2005 *(arrêté d'extension du 6 décembre 2005)* ;

Avenant n° 29 « Départ et mise à la retraite » du 23 septembre 2005 *(arrêté d'extension du 29 mars 2006)* ;

Accord « Formation professionnelle tout au long de la vie » du 17 octobre 2005 ;

Avenant n° 30 « Astreinte » du 20 octobre 2005.

LISTE DES ARRÊTÉS D'EXTENSION

Pages

Pages

SIGNATAIRES

Organisations patronales :

Fédération des sociétés immobilières et foncières (FSIF) (1) ;

Confédération nationale des administrateurs de biens (CNAB) ;

Fédération nationale de l'immobilier (FNAIM) (2) ;

Syndicat national des professionnels immobiliers (SNPI).

Syndicats de salariés :

Syndicat national des cadres des administrateurs de biens (SNUHAB) CFE-CGC ;

Syndicat des employés du commerce et des interprofessionnels CFTC ;

Fédération des cadres, employés et techniciens (FECTAM) CFTC ;

Fédération des services CFDT.

Adhésions :

Groupement des sociétés immobilières d'investissement (par lettre du 26 mai 1989) ;

Union nationale indépendante des transactionnaires immobiliers, des administrateurs d'immeubles, des mandataires en vente de fonds de commerce et des marchands de biens (UNIT) (par lettre du 5 janvier 1990) ;

Fédération des employés et cadres FO (par lettre du 25 juin 1996) ;

Fédération nationale des sociétés d'économie mixte (FNSEM) (par lettre du 15 juin 1998) (3) ;

---

(1) Née du regroupement en 1994 du syndicat des sociétés immobilières françaises (FSIF) et du groupement des sociétés immobilières et d'investissement (GSII).

(2) La signature de la FNAIM de la présente mise à jour s'entend sous la réserve formelle de l'extension de l'additif du 11 décembre 1987 relatif au 13e mois et au statut des négociateurs VRP à exclure de l'accord national VRP du 3 octobre 1975 et de ses avenants et n'engage ses adhérents qu'à compter de la publication au *Journal officiel* de l'arrêté d'extension de l'ensemble de la convention, condition remplie par l'arrêté du 24 février 1989 (*JO* du 3 mars 1989).

(3) Adhésion de la FNSEM à la CCN et à ses avenants nos 1 à 16 (à l'exclusion des avenants relatifs à la formation professionnelle constituant l'accord national professionnel du 27 novembre 1996, étendu par arrêté du 21 février 1997).

Syndicat national des résidences de tourisme et de l'hébergement saisonnier (par lettre du 7 octobre 1998) ;

Conseil supérieur de l'administration des biens (CSAB) (par lettre du 16 juillet 2003) ;

Fédération des commerces et des services UNSA (par lettre du 6 décembre 2004).

Signataires de l'avenant n° 26 du 22 mars 2004 portant actualisation de la convention

Organisations patronales :

CNAB ;

FNAIM ;

FNSEM ;

FSIF ;

SNPI ;

UNIT ;

CSAB.

Syndicats de salariés :

CGC-SNUHAB ;

CFTC-CSFV ;

Fédération des employés et cadres CGT FO-OSDD ;

Fédération des services CFDT.

INDEX ALPHABÉTIQUE

A

B

C

D

CONVENTION COLLECTIVE NATIONALE

de l'immobilier (administrateurs de biens, sociétés immobilières, agents immobiliers, etc.) (anciennement cabinets d'administrateurs de biens et des sociétés immobilières), du 9 septembre 1988, mise à jour par avenant n° 26 du 22 mars 2004 (IDCC : 1527) (1)

(Etendue par arrêté du 24 février 1989)

Le préambule et les articles qui suivent ont pour objectif de clarifier le texte conventionnel, de le rendre plus lisible et de le mettre à jour compte tenu des réformes intervenues. Il est en effet de plus en plus difficile de s'y retrouver notamment entre les textes étendus et les textes non étendus.

En conséquence :

(Modifié par avenant n° 27 du 30 mai 2005)

- le présent avenant a pour objectif de se substituer de plein droit au texte précédent, soit au titre, au préambule, aux articles 1er à 41, ainsi qu'aux dispositions non étendues relatives aux nouveaux statuts de négociateurs (hors classification et avenant n° 18 du 31 mai 1999) ;
- les parties signataires conviennent que le présent avenant entrera en vigueur dès le premier jour du mois suivant la publication de l'arrêté d'extension de l'avenant n° 27 du 30 mai 2005 au *Journal officiel* ;
- la convention collective nationale de l'immobilier est ainsi actualisée.

---

(1) Avenant étendu sous réserve de l'application des articles L. 213-1 à L. 213-4 du code du travail selon lesquels la mise en place dans une entreprise ou un établissement du travail de nuit au sens de l'article L. 213-2 ou son extension à de nouvelles catégories de salariés est subordonnée à la conclusion d'un accord de branche étendu ou d'un accord d'entreprise ou d'établissement qui doit contenir des clauses définies à l'article L. 213-4 précité *(arrêté du 13 avril 2005, art. 1er)*.

Convention collective nationale de l'immobilier (actualisée par avenant n° 26 du 1er mars 2004) (1)

Préambule

Les représentants des organisations syndicales d'employeurs et de salariés ont recherché, dans les dispositions contractuelles adoptées, à donner aux salariés des secteurs concernés un statut collectif leur assurant :

- une réglementation, clairement rédigée, des conditions de travail ;
- l'amélioration de celles-ci sur un certain nombre de points ;
- la fixation d'une grille des qualifications professionnelles et des rémunérations ;
- une prévoyance et une complémentaire santé ;
- une sécurité dans la vieillesse grâce à un régime complémentaire de retraite.

Les parties souhaitent que, par son contenu, la convention contribue à créer un esprit de coopération et d'innovation entre employeurs et salariés et les conditions permettant aux cadres, agents de maîtrise, employés et ouvriers qualifiés ou spécialisés de la profession :

- de développer leur valeur technique ;
- de favoriser leur promotion ;
- d'assurer la stabilité de leur emploi et des conditions d'existence convenables.

La présente convention est conclue en application du livre Ier, titre III, du code du travail, et plus particulièrement des articles L. 132-11 à 17 relatifs aux conventions de branche et L. 133-1 à 17 relatifs à leur extension (conditions et procédures).

Chapitre Ier

Dispositions générales

Article 1er

Objet et champ d'application

Sauf application d'une convention nationale étendue et en cours de validité concernant un secteur du champ d'application général visé ci-après (HLM ou promotion - construction, par exemple), ou

(1) Lire 22 mars 2004.

une catégorie de personnel (personnel d'exploitation, gardiennage et entretien, par exemple, qui relève de la convention collective nationale des gardiens, concierges et employés d'immeubles du 11 décembre 1979), la présente convention règle sur le territoire métropolitain les rapports entre les employeurs et salariés :

- des entreprises dont l'activité principale s'exerce dans l'immobilier dans toutes les activités définies dans la division 70 de la nomenclature d'activités françaises (NAF) mise en vigueur au 1er janvier 1993 par le décret n° 92-1129 du 2 octobre 1992 ;
- dans les résidences de tourisme pouvant être immatriculées sous le code APE 70-2C de la nomenclature d'activités française de 1993, à l'exception des entreprises qui appliquaient, avant le 21 juillet 1995, une autre convention collective nationale étendue ;
- des holdings (classe 76) dont l'activité principale s'exerce à travers des filiales relevant de la présente convention, des groupements d'intérêt économique, associations ou syndicats, créés par un groupe d'entreprises relevant en majorité de la présente convention, sauf application d'accords professionnels de branche dont ils peuvent relever.

Les démarcheurs vérificateurs et négociateurs, salariés des entreprises relevant de la présente convention (du fait d'une activité s'exerçant à titre exclusif ou dominant dans son champ d'application), qui remplissent les conditions prévues par les articles L. 751-1 et suivants du code du travail régissant les VRP, relèvent de la présente convention et non de l'accord national interprofessionnel VRP du 3 octobre 1975.

Toutes modifications ou adjonctions apportées à la présente convention au plan local, départemental ou régional feront l'objet d'avenants locaux, départementaux ou régionaux à la présente convention, sous les mêmes références d'articles suivies de la lettre A. Il sera procédé de même pour les additifs ou rectificatifs aux annexes de la présente convention adoptés au plan local, départemental ou régional.

La présente convention est également applicable dans les départements d'outre-mer, les employeurs disposant dans ces départements d'un délai de 1 année à compter de l'extension du présent avenant n° 26 du 22 mars 2004 portant actualisation de la convention pour se mettre en conformité avec les dispositions qui suivent et ce sans effet rétroactif et dans les conditions de mise en œuvre prévues par le protocole du 11 janvier 1984 modifié et l'accord du 11 décembre 1987 relatif à la classification.

Article 2

Durée. – Dénonciation. – Révision. – Adhésion
Secrétariat de la commission mixte

2.1. Durée. – Dénonciation : la présente convention est conclue pour une durée indéterminée, chacune des organisations signataires ayant la possibilité de la dénoncer à la fin de chaque année civile, en partie ou en totalité, avec préavis de 3 mois, soit au plus tard le 1er octobre pour le 31 décembre de la même année. L'avis de dénonciation, adressé par lettre recommandée avec accusé de réception à chacune des organisations signataires, devra être accompagné d'un projet de texte. Les négociations devront s'engager dans le délai de 2 mois à compter de la réception de l'avis de dénonciation. La présente convention restera en vigueur jusqu'à la signature entre les parties d'une nouvelle convention, ou, à défaut d'accord, pendant une durée de 1 an à compter de la date du dépôt de la dénonciation.

2.2. Révision : la présente convention est révisable à tout moment par accord des parties, et notamment à l'issue des négociations obligatoires prévues par l'article L. 132-12 du code du travail : une fois par an sur les salaires (sur la base d'un rapport de la partie patronale), une fois tous les 5 ans sur les classifications. Toute demande de révision de l'un ou plusieurs des membres de l'une des parties contractantes doit être accompagnée d'un projet de texte et examinée dans les 2 mois suivant la notification de cette demande.

2.3. Adhésion : toute organisation syndicale salariale ou patronale représentative dans le champ d'application défini à l'article 1er peut adhérer à la présente convention dans les conditions fixées par l'article L. 132-15 du code du travail. L'adhésion prend effet au jour du dépôt par l'organisation concernée, à la direction départementale du travail de Paris, de la déclaration d'adhésion envoyée par lettre recommandée avec accusé de réception à toutes les organisations signataires ou déjà adhérentes. L'adhésion d'une organisation représentative d'une profession connexe, mais non située dans le champ d'application susvisé, ne peut intervenir que dans le cadre d'un avenant modifiant ledit champ d'application, conformément à l'article L. 132-16 du code du travail. Les organisations signataires se réservent le droit de contester notamment le caractère représentatif d'une organisation ayant notifié son adhésion.

2.4. Commission mixte paritaire et secrétariat : la commission mixte paritaire regroupe sous la présidence du représentant du ministère concerné les organisations visées au paragraphe 2.3 ci-dessus.

Cette commission siège au 46, rue de Rome, 75008 Paris. Son secrétariat est assuré à la même adresse par le comité des organisations patronales des professions immobilières (COPI).

Article 3

Avantages acquis. – Accords d'entreprise

L'application de la présente convention ne peut être en aucun cas la cause de la réduction des avantages acquis dans l'établissement employeur antérieurement à sa date d'entrée en vigueur. Toutefois, il ne peut y avoir cumul ou double emploi entre un avantage acquis et un avantage similaire résultant de la présente convention et éventuellement de ses avenants établis en application de l'article 1er, avant-dernier alinéa.

Les parties s'engagent à assurer l'égalité de traitement entre tous les salariés, homme ou femme, quelle que soit leur appartenance à une ethnie, une nation ou une race, dans l'application des garanties prévues par la présente convention.

La présente convention ne peut en aucun cas remettre en cause les possibilités ou obligations de négociations dans l'entreprise prévues notamment par les articles L. 132-18 à 30 et L. 461-3 du code du travail.

Les dispositions additives ou dérogatoires adoptées dans le cadre des accords d'entreprise ou interentreprises seront codifiées sous les mêmes références d'articles de la convention suivies de la lettre E. Il sera procédé de même pour les additifs ou rectificatifs aux annexes de la présente convention adoptés dans l'entreprise ou un groupe d'entreprises, et, plus généralement, pour tous textes relatifs au statut collectif du personnel. Il est précisé que cette disposition d'ordre ne modifie en rien le cadre juridique particulier (hors application des articles L. 132-18 à 30 du code du travail) de mise en œuvre de certaines garanties collectives (intéressement ou retraite et prévoyance, par exemple).

Article 4

Conciliation. – Interprétation

La commission nationale de conciliation, dont le règlement intérieur constitue une annexe à la convention, siégera 46, rue de Rome, 75008 Paris. Cette commission est composée :

- pour les salariés de 2 représentants de chacune des organisations syndicales signataires ;
- pour les employeurs, de représentants de chacune des organisations syndicales signataires en nombre égal à celui des représentants de salariés.

Les membres titulaires pourront être remplacés par des membres suppléants désignés par les organisations syndicales.

La commission a pour rôle :

- de résoudre les difficultés d'interprétation et d'application de la présente convention ;
- de rechercher « amiablement » la solution des litiges collectifs qui lui seront soumis.

Le comité des organisations patronales des professions immobilières (COPI) assure au 46, rue de Rome, 75008 Paris, le secrétariat de la commission : convocation de la commission par lettre recommandée, établissement et diffusion des procès-verbaux.

La commission se réunit dans le délai de 3 semaines sur demande de l'une des organisations patronales ou salariales représentatives au plan national, appuyée du dossier soumis à examen. Le procès-verbal relatant la décision adoptée doit être notifié aux parties concernées dans le délai de 8 jours suivant la réunion. Les convocations et procès-verbaux de réunions sont communiqués pour information au représentant du ministère concerné, président de la commission mixte.

Dans les localités ou les régions où il existe une organisation syndicale patronale, une commission locale ou régionale de conciliation pourra être constituée, avec les mêmes attributions que la commission nationale. Dans ce cas, la commission nationale jouera le rôle de commission d'appel.

Article 5

Dépôt. – Extension. – Diffusion

5.1. Dépôt : la présente convention, ses annexes, les déclarations de dénonciation et d'adhésion sont déposées à la direction départementale du travail de Paris (application de l'article R. 132-1 du code du travail).

Les avenants susceptibles de faire l'objet du droit d'opposition prévu aux paragraphes 1 et 3 de l'article L. 132-7 du code du travail ne peuvent être déposés qu'à l'expiration du délai requis suivant la date de signature de l'avenant.

5.2. Extension : les parties s'engagent à demander l'extension de la présente convention et des avenants qui pourraient être conclus par la suite (art. L. 133-8 à 17 du code du travail).

5.3. Diffusion : l'employeur doit procurer aux délégués syndicaux accrédités dans l'entreprise et aux représentants élus du personnel un exemplaire de la convention collective et de ses avenants, et les tenir informés des modifications intervenues. Il doit en outre tenir un exemplaire à la disposition du personnel, dans les conditions fixées par avis affiché dans les lieux de travail.

CHAPITRE II

DROIT SYNDICAL. – REPRÉSENTANTS DU PERSONNEL RÈGLEMENT INTÉRIEUR

Article 6

Liberté d'opinion. – Exercice du droit syndical

Les parties contractantes reconnaissent la liberté d'opinion ainsi que le droit pour tous d'adhérer librement à un syndicat professionnel constitué en application du titre Ier du livre IV du code du travail.

Elles s'engagent à ne pas tenir compte de l'appartenance ou de la non-appartenance à un syndicat, des fonctions représentatives syndicales ou autres, des opinions philosophiques ou des croyances religieuses, pour arrêter leurs décisions de quelque nature qu'elles soient, intéressant le fonctionnement de l'entreprise, et notamment en ce qui concerne les employeurs, l'embauchage, les conditions de travail, la rémunération et l'avancement, la formation professionnelle, l'octroi d'avantages sociaux, les mesures de discipline et le licenciement.

L'exercice du droit syndical régi par les articles L. 412-1 à 21 du code du travail et les dispositions particulières prises au niveau de chaque entreprise pour leur application (panneaux d'affichage, emploi de crédit d'heures, etc.) ne peuvent avoir pour conséquence des actes contraires aux lois et ne doivent en aucun cas porter atteinte à l'utilisation paisible des locaux.

Tout salarié des entreprises relevant de la présente convention peut être désigné par son organisation syndicale pour la représenter aux négociations et aux commissions paritaires de la branche et bénéficie du droit de s'absenter sous réserve d'informer son employeur à réception de la convocation.

Les conditions dans lesquelles les intéressés pourraient être rémunérés pendant leur absence et indemnisés des frais de déplacement et de séjour éventuels seront fixées par accord conclu au niveau des entreprises ou, à défaut, par un protocole annuel négocié entre les parties à la présente convention lors de leur première réunion.

Article 7

Droit à l'expression des salariés et à représentation élue (délégués du personnel, comité d'entreprise)

7.1. Droit à l'expression des salariés : le droit des salariés à l'expression directe et collective de leurs opinions et observations sur le contenu et l'organisation de leur travail, ainsi que sur la définition et la mise en œuvre d'actions destinées à améliorer les conditions de travail dans l'entreprise, sans préjudice de l'action des délégués syndicaux ou des représentants du personnel élus, s'ils existent, peut s'exercer dans le cadre des dispositions susceptibles d'être mises en œuvre dans l'entreprise en application des articles L. 461-1 à 3 du code du travail. Ces dispositions sont codifiées par accord d'entreprise sous la référence de l'article 7.1/E ou de l'annexe IX/E.

7.2. Représentation élue des salariés : la représentation du personnel relevant de la présente convention est assurée dans chaque entreprise par application :

- des articles L. 421 à L. 426-1 du code du travail relatifs aux délégués du personnel lorsque l'entreprise emploie au moins 11 salariés ;
- des articles L. 431-1 à L. 436-3 du code du travail relatifs aux comités d'entreprise, lorsque l'entreprise emploie au moins 50 salariés.

Rappel fait des règles fixées par les articles L. 421-2 et L. 431-2 du code du travail en matière de détermination des seuils d'effectifs susvisés.

Les collèges électoraux ne peuvent comporter de personnels de l'entreprise relevant d'une autre convention collective, cas des gardiens, concierges et employés d'immeubles dans les sociétés immobilières qui, relevant de la convention collective nationale du 11 décembre 1979, constituent un collège distinct, et ce sous réserve de l'application de l'article L. 433-2, 5e alinéa, du code du travail.

Les délégués qui, au cours de leur mandat, changent de catégorie continuent de représenter, jusqu'à l'expiration de leur mandat, la catégorie du personnel dans laquelle ils ont été élus.

Dans les cabinets ou sociétés où il n'est pas fait obligation de procéder à la désignation de délégués du personnel, le personnel pourra désigner dans son sein une personne susceptible de le représenter auprès de l'employeur pour l'application de la présente convention.

Article 8

Fonctionnement et financement des activités sociales et culturelles initiées au profit du personnel de l'entreprise

Sans préjudice de l'application des dispositions plus favorables ressortant de l'application de la règle de calcul fixée par l'article L. 432-9 du code du travail, lors de la prise en charge par le comité d'entreprise des activités sociales et culturelles initiées antérieurement par l'employeur, l'entreprise employant au moins 50 salariés doit affecter chaque année au financement des activités sociales et culturelles gérées ou contrôlées par le comité d'entreprise une somme au moins égale à 0,50 % de la masse salariale globale brute de l'exercice considéré. Cette dotation n'inclut pas les dépenses relatives au fonctionnement éventuel d'un réfectoire ou d'un restaurant d'entreprise ou à la mise en œuvre de formules de substitution (chèque restaurant), ni celles pouvant résulter de la distribution des chèques vacances prévus par l'ordonnance n° 82-283 du 26 mars 1982.

Article 9

Informations et attributions du comité d'entreprise (autres que les activités sociales et culturelles). – Bilan social

Les attributions économiques et professionnelles du comité d'entreprise sont fixées par la loi (art. L. 431-4 et 5, L. 432-1 à 6 et 9). Conformément à ces dispositions légales, le comité d'entreprise :

- est informé et consulté avant toute décision intéressant l'organisation, la gestion et la marche générale de l'entreprise ;
- reçoit une information périodique portant sur tous les aspects économiques de l'entreprise ;
- émet un avis sur le bilan social que l'employeur est tenu d'établir dans les entreprises occupant au moins 300 salariés dans les conditions prévues par les articles L. 438-1 à 10 du code du travail ;

- constitue les commissions obligatoires dans les entreprises de plus de 200 salariés (commission emploi-formation et commission d'information, d'aide au logement des salariés commission mixte et égalité professionnelle) et de plus de 1 000 salariés (commission économique), ou facultatives, et ce, sous réserve de l'application de l'article L. 434-7 du code du travail ;
- reçoit chaque année dans les conditions prévues par l'article L. 434-8 du code du travail une subvention de fonctionnement égale à 0,20 % de la masse salariale brute ;
- délègue des représentants aux conseils d'administration ou de surveillance des entreprises qui sont pourvues de ces institutions, dans le respect des conditions prévues par l'article L. 432-6 du code du travail.

Les membres du comité d'entreprise bénéficient de la formation économique prévue par l'article L. 434-10 du code du travail.

En cas d'absence ou de carence du comité d'entreprise, les délégués du personnel exercent collectivement les attributions du comité d'entreprise dans les conditions fixées en chaque matière par la législation et la réglementation en vigueur.

Article 10

Comité d'hygiène, de sécurité et des conditions de travail

Dans les établissements employant au moins 50 salariés, il est institué un comité d'hygiène, de sécurité et des conditions de travail (CHSCT) dans les conditions prévues par les articles L. 236-1 et suivants du code du travail.

Dans les entreprises de moins de 50 salariés, les missions dévolues aux membres du CHSCT sont exercées par les délégués du personnel dans le cadre des moyens prévus pour l'exercice de leurs fonctions.

Les missions du comité d'hygiène, de sécurité et des conditions de travail sont fixées par l'article L. 236-2 du code du travail. Il doit contribuer à la promotion des mesures mises en œuvre par l'employeur et tendant à assurer la santé et la sécurité des salariés (y compris travailleurs temporaires), à faciliter l'accès des salariés à tous les emplois et de répondre aux problèmes liés à la maternité, à faciliter la mise, la remise ou le maintien au travail des handicapés, et doit veiller à l'application des dispositions législatives et réglementaires prises en la matière.

Article 11

Règlement intérieur

Les mesures d'application de la réglementation en matière d'hygiène et de sécurité dans l'entreprise doivent, dans les entreprises employant habituellement au moins 20 salariés, être fixées dans un règlement intérieur édicté dans les conditions prévues par les articles L. 122-33 à 39 du code du travail.

Outre les dispositions susvisées, le règlement intérieur comporte exclusivement les règles générales et permanentes relatives à la discipline dans l'entreprise, et notamment la nature et l'échelle des sanctions que peut prendre l'employeur et l'énonciation des dispositions légales relatives aux droits de la défense des salariés en cas de mise en œuvre de la procédure disciplinaire.

Le règlement intérieur est soumis à l'avis des représentants des salariés. L'inspecteur du travail peut à tout moment exiger le retrait ou la modification des dispositions contraires aux articles L. 122-34 et L. 122-35. Il doit être déposé au greffe du conseil des prud'hommes ainsi qu'à l'inspection du travail et affiché dans l'entreprise.

Article 12

(Modifié par avenant n° 27 du 30 mai 2005)

Médecine du travail

Tout employeur est tenu d'adhérer à un service de santé au travail interentreprises fonctionnant dans le cadre des dispositions prévues par le code du travail (sauf constitution éventuelle, si elle est possible, d'un service autonome agréé).

Le médecin du travail (ou l'un des médecins) chargé de la surveillance médicale du personnel de l'entreprise participe avec voix consultative aux réunions du comité d'hygiène, de sécurité et des conditions de travail.

Nul ne peut être embauché définitivement par l'entreprise avant d'avoir été déclaré apte à l'emploi par le médecin du travail, la visite médicale d'embauche devant obligatoirement avoir lieu avant le terme de la période d'essai. Toutefois, le salarié soumis à une surveillance médicale spéciale bénéficie obligatoirement de l'examen médical avant son embauchage. Tout salarié est en outre soumis à un examen médical, au moins tous les 24 mois, et lors de la reprise du travail après une absence d'au moins 21 jours pour maladie ou d'absences répétées pour raison de santé ou après un arrêt de travail pour maternité ou consécutif à un accident du travail.

Le salarié soumis à visites spéciales (art. R. 241-50 du code du travail) est également tenu de se présenter au service de santé au travail lorsqu'il est convoqué.

CHAPITRE III
EMBAUCHE. – CONTRAT DE TRAVAIL. – FORMATION

Article 13
Embauche. – Période d'essai
Conclusion du contrat de travail

13.1. Les parties reconnaissent le droit à l'accès à tous les emplois de la profession, de toute personne, indépendamment de son origine, de son sexe, de ses mœurs, de son orientation sexuelle, de son âge, de sa situation de famille, de son appartenance ou de sa non-appartenance, vraie ou supposée, à une ethnie, une nation ou une race (sous réserve des autorisations administratives prévues par la législation en vigueur), de ses opinions politiques, de ses activités syndicales ou mutualistes, de ses convictions religieuses, de son apparence physique, de son patronyme, et éventuellement de ses handicaps (rappel fait de l'obligation d'emploi des handicapés et des mesures prises à leur égard par les articles L. 323-1 et suivants du code du travail).

Les employeurs font connaître leurs besoins en main-d'œuvre à l'agence nationale pour l'emploi dont ils relèvent. Pour le personnel cadre, ils pourront communiquer les offres d'emploi à l'APEC. Ils peuvent en outre recourir à l'embauchage direct.

13.2. Le contrat de travail de tout salarié, même à temps partiel, doit faire référence à la convention collective nationale et mentionner expressément la durée de la période d'essai, qui ne peut excéder :

a) Pour les contrats à durée déterminée :
- 1 jour par semaine de durée prévue ou minimale de l'emploi dans la limite de 2 semaines, si cette durée est égale ou inférieure à 6 mois ;
- 1 mois si l'emploi est prévu pour une durée supérieure à 6 mois.

b) Pour les contrats à durée indéterminée :
- 1 mois pour les employés et ouvriers ;
- 2 mois pour les agents de maîtrise ;
- 3 mois pour les cadres ;
- et 3 mois pour tous négociateurs, quels que soient le statut et le collège.

La période d'essai peut être renouvelée une fois par accord des parties. Toutefois, elle est limitée à 3 mois pour les titulaires de la carte professionnelle VRP visée à l'article L. 751-13 du code du travail (1).

---

(1) Alinéa étendu sous réserve qu'en application des dispositions de l'article L. 122-3-2 du code du travail les dispositions relatives au renouvellement de la période d'essai ne puissent concerner que les contrats à durée indéterminée *(arrêté du 13 avril 2005, art. 1er).*

En cas de rupture du contrat pendant la période d'essai, l'employeur et le salarié se doivent réciproquement un préavis de 1 jour ouvrable par mois de présence complet à la date de la rupture. Dès lors que la rupture a été dûment portée à la connaissance du salarié avant le terme de la période d'essai, le préavis peut s'exécuter au-delà de celle-ci sans remettre en cause les effets de la rupture du contrat.

13.3. Le contrat de travail doit comporter l'accord exprès du salarié. Il est daté, signé et établi en double exemplaire, dont l'un rendu par le salarié à l'employeur.

Le contrat de travail doit également préciser l'identité des parties, le lieu de travail, le titre du salarié ou la description sommaire du travail, la date de début du contrat, les modalités d'attribution et de détermination des congés payés, la durée du délai de préavis en cas de cessation du contrat, la périodicité de la rémunération, l'emploi occupé, le coefficient hiérarchique, le niveau, l'horaire de travail des salariés entrant dans le champ d'application de l'article 19.1 « Modalités et horaire contractuel », les appointements contractuels (détaillés selon les règles en vigueur dans l'entreprise, en particulier celles concernant l'aménagement et la réduction du temps de travail) et éventuellement les avantages accessoires du salaire et les conditions particulières de travail.

13.4. En cas d'emploi à durée déterminée ou de contrat de travail temporaire, rappel étant fait que ces contrats ne peuvent avoir ni pour objet ni pour effet de pourvoir durablement à un emploi lié à l'activité normale et permanente de l'entreprise

Le contrat de travail à durée déterminée doit comporter, dès l'origine, l'indication précise de l'objet pour lequel il a été conclu et se situant dans les cas prévus par les articles L. 122-1, 2 et 3 du code du travail et des conditions dans lesquelles il peut éventuellement être renouvelé. Préalablement à l'embauche, le contrat de travail doit être signé par les parties. Un exemplaire doit être transmis au salarié au plus tard dans les 2 jours suivant l'embauche.

Le contrat à durée déterminée comme le contrat de travail temporaire doivent être dressés dans le respect du principe d'égalité de rémunération entre salariés titulaires d'un contrat précaire et salariés permanents de l'entreprise employeur ou utilisatrice, de qualification équivalente et occupant les mêmes fonctions.

Dans l'éventualité de succession de contrats à durée déterminée ou de contrats de travail temporaire, les modalités de calcul du délai de carence devant séparer deux contrats sur un même poste de travail sont les suivantes :

- pour un contrat de travail initial inférieur à 14 jours, renouvellement inclus, le délai de carence est égal à la moitié de la durée du premier contrat ;
- pour un contrat de travail initial au moins égal à 14 jours, renouvellement inclus, le délai de carence entre deux contrats est égal au tiers de la durée du premier contrat, sachant que le

délai devant séparer les deux contrats s'apprécie en fonction des jours d'ouverture de l'entreprise ou de l'établissement concerné (et non pas des jours calendaires).

L'employeur est tenu de porter à la connaissance des salariés liés par un contrat à durée déterminée la liste des postes à pourvoir dans l'entreprise sous contrat à durée indéterminée, lorsqu'un tel dispositif d'information existe déjà dans l'entreprise pour les salariés liés par un contrat à durée indéterminée. La même obligation est mise à la charge de l'utilisateur de travail temporaire.

13.5. Le recours au personnel intérimaire est régi par les articles L. 124-1 et suivants du code du travail prévoyant notamment l'établissement d'un contrat écrit entre l'entreprise de travail temporaire et l'utilisateur.

Article 14

Dispositions diverses relatives à l'exécution du contrat de travail

14.1. Obligation de loyauté : tout salarié est tenu à l'obligation de réserve à l'égard de la concurrence, de la clientèle, des fournisseurs et des tiers dans tout ce qui concerne l'exercice de ses fonctions.

Tout salarié doit s'abstenir, pendant l'exécution de son contrat de travail, de tout acte contraire à l'intérêt de l'entreprise et notamment de toute activité concurrente, pour son propre compte ou pour le compte d'un tiers, de dénigrer les produits, services ou l'activité de l'entreprise, de détourner la clientèle et de débaucher le personnel, ces faits pouvant donner lieu à poursuites et/ou sanctions disciplinaires.

14.2. Cumul d'emploi : l'exercice d'une autre activité rémunérée n'est possible que si elle s'effectue dans une autre branche sauf mandat de représentation ou accord exprès de l'employeur, et si le temps de travail n'excède pas la durée maximale légale, rappel fait des dispositions des articles L. 324-9 et suivants sur le travail dissimulé.

14.3. Frais professionnels : les déplacements hors du lieu de travail habituel nécessités par le service doivent être remboursés sur des bases appropriées définies par accord particulier ou disposition propre à l'entreprise.

14.4. Conditions particulières de travail : les conditions dans lesquelles un salarié assume des conditions particulières de travail, ou l'emploi de sa voiture personnelle ou d'un véhicule de fonction, sont précisées au contrat de travail.

14.5. Les cadres salariés de l'entreprise occupant des fonctions d'un rang hiérarchique supérieur aux classifications définies dans l'annexe nomenclature des emplois, bénéficient de l'ensemble des dispositions de la présente convention.

14.6. Les cadres salariés appelés à exercer des fonctions de mandataires sociaux en conservant les fonctions techniques de direction prévues par leur contrat de travail conservent, si les conditions d'autorisation légale de cumul sont remplies, le bénéfice de la convention collective dans la limite de la rémunération attachée au contrat de travail. La rémunération du mandat, si elle existe, doit faire l'objet d'une ligne distincte sur le bulletin de paie.

Article 15

Transfert du contrat de travail

Dans le cas où intervient une modification de la situation juridique de l'employeur et, par extension, en cas de transfert de partie de l'activité de l'entreprise sous quelque forme que ce soit, les contrats de travail du personnel appartenant à l'activité transférée sont pris en charge par le nouvel employeur avec les garanties et obligations de droit prévues par les articles L. 122-12, 2e alinéa, et L. 122-12.1 du code du travail.

La permanence des contrats ainsi transférés implique le maintien des avantages individuels acquis et le bénéfice d'une ancienneté décomptée de la date d'effet du contrat d'origine pour l'application des dispositions conventionnelles en vigueur chez le nouvel employeur.

Les mêmes garanties sont acquises au salarié qui accepte d'être détaché (situation provisoire impliquant réintégration dans la société d'origine à l'issue du détachement) ou muté (situation définitive), dans une autre entreprise, dans le cadre d'un accord intervenu entre les 2 employeurs concernés.

Article 16

Changement de catégorie ou de poste

Le changement de poste de travail dans la même qualification, ou dans une qualification supérieure acceptée par l'intéressé, se situe dans l'évolution normale de carrière des salariés et dans la mise en œuvre de conditions optimales de fonctionnement de l'entreprise.

Toute modification définitive aux clauses du contrat de travail hors application de dispositions collectives légales, réglementaires ou conventionnelles relative notamment à la qualification professionnelle, aux appointements, à la durée du travail et au lieu de travail (sauf dispositions particulières prévues au contrat de travail) :

- doit être précédée d'un entretien avec l'intéressé ;
- doit faire l'objet d'une notification écrite qui ne peut intervenir que 6 jours ouvrables au moins après l'entretien.

La promotion à une qualification professionnelle supérieure n'est définitivement acquise qu'au terme d'une période d'essai maximale de 1 mois pour les employés et ouvriers, de 2 mois pour les agents de maîtrise, de 3 mois pour les cadres. Si, à l'expiration de cette période d'essai, le salarié n'est pas confirmé dans sa nouvelle qualification, il est réintégré dans sa qualification d'origine.

Article 17

Changement temporaire de poste de travail

Par suite de circonstances résultant de la situation du travail dans l'entreprise dûment établies par l'employeur, un salarié peut se trouver amené à assumer temporairement, dans des conditions de durée précisées à l'avance n'excédant pas 6 mois et sans modification de sa classification ni diminution de ses appointements, une fonction inférieure à celle qu'il assume habituellement.

Un salarié assumant pendant plus de 1 mois par année civile (en dehors de la période de vacances) la totalité de la fonction et des responsabilités d'un agent affecté à un poste de qualification supérieure au sien bénéficie d'une indemnité d'intérim égale à la différence entre son salaire réel et le traitement de base de la fonction exercée temporairement. Cette indemnité est décomptée du 1er jour du remplacement.

Article 18

Formation

Il est rappelé que les partenaires sociaux ont l'obligation de négocier tous les 5 ans sur les priorités, les objectifs et les moyens de la formation professionnelle.

Cette négociation doit porter, notamment, sur la nature des actions de formation, leur ordre de priorité, les conditions d'accueil et d'insertion des jeunes, les formations visant à assurer l'égalité entre les hommes et les femmes ou à destination des publics les plus en difficulté. Doit également faire partie de la négociation la mise en place d'un système de validation des acquis de l'expérience afin de permettre à tout salarié d'obtenir tout ou partie d'un diplôme ou d'un titre professionnel.

La formation professionnelle continue a pour objet de permettre l'adaptation des travailleurs aux changements des techniques et des conditions de travail, de favoriser leur promotion sociale par l'accès aux qualifications professionnelles et leur contribution au développement culturel, économique et social.

Les salariés disposent d'un droit individuel au congé-formation dans les conditions prévues par la réglementation en vigueur et, sur leur demande ou sur proposition de la hiérarchie, sont habilités à effectuer des stages de formation générale ou professionnelle dans le cadre du plan de formation de l'entreprise. Les actions de formation, décrites dans ce plan distingueront chaque stage, son coût, son objet et le personnel concerné.

Chapitre IV

Durée du travail. – Congés

Article 19

Préambule

Les partenaires sociaux ont observé qu'outre l'influence du niveau d'activité les variations permanentes de celle-ci découlent également des cycles d'activité, des contraintes spécifiques des métiers de l'immobilier et, enfin, des exigences toujours plus importantes des clients dans les domaines de la qualité des prestations réalisées. Autant d'éléments qui conduisent à une adaptation constante de l'organisation interne des entreprises.

Par les présentes dispositions, les partenaires sociaux manifestent leur prise en compte de la demande des entreprises immobilières de pouvoir s'organiser dans un cadre plus large que la semaine afin de répondre, tant sur le plan qualitatif que quantitatif, aux attentes de leurs clients. Parallèlement, il est affirmé ici la volonté de privilégier l'emploi salarié, de lutter contre la précarité de l'emploi et de donner la priorité à l'emploi permanent dans les entreprises.

De nombreuses attentes existent en termes d'organisation et d'aménagement du temps du travail. Elles concernent tant les rythmes de travail et leur impact en termes de condition de travail (pénibilité) que les innovations qui permettent de prendre en compte les contraintes hors travail (transport, rythmes scolaires, repas, etc.), d'introduire des possibilités de souplesse individuelle et des outils qui permettent une meilleure prévisibilité des temps travaillés et non travaillés.

Ainsi, conformément aux dispositions de la loi n° 98-461 du 13 juin 1998 relative à l'aménagement et à la réduction du temps de travail et de la loi n° 2000-37 du 19 janvier 2000 relative à la réduction négociée du temps de travail, les présentes dispositions prévoient une rationalisation de l'organisation du travail contribuant à la fois à l'accroissement des performances et des compétences professionnelles et à une meilleure maîtrise du temps de chaque salarié. Tel est le cas, entre autres, des cadres pour lesquels il convient de mettre en œuvre des mécanismes adaptés, pour que cette catégorie professionnelle bénéficie également d'une réduction effective de la durée du travail.

Les présentes dispositions ont inscrit la réalisation de l'objectif fixé par l'article L. 212-1 du code du travail, soit 35 heures par semaine en moyenne annuelle, pour un emploi à plein temps, dans le cadre légal et réglementaire relatif à l'annualisation. Par référence à ce principe d'annualisation, le temps de travail est décompté sur une base annuelle de 1 600 heures (1) maximum, qu'il appartient à l'entreprise de définir précisément en fonction des jours fériés et des congés légaux, avec un prorata effectué pour les salariés entrants ou sortants dans la période annuelle ainsi définie.

Ces dispositions renforcent l'adaptation de l'offre de formation, optimisent le financement des actions de formation, déterminent les réseaux d'accès entre les formations et les métiers, incitent au développement du tutorat des jeunes, permettent de rechercher de nouveaux axes d'action pour inciter les jeunes à s'engager dans les carrières de l'immobilier et, enfin, visent la mobilisation des financements publics et professionnels des actions de formation.

Ces préoccupations s'inscrivent dans le cadre d'un objectif d'intérêt national qui est la lutte contre le chômage, essentiel pour notre société. La volonté d'atteindre cet objectif majeur doit s'accompagner de deux axes d'actions : améliorer le niveau général de l'activité économique et sauvegarder la marge de décision des entreprises en fonction de leurs besoins et responsabilités propres.

Les dispositions légales, ainsi que les présentes dispositions, ont fait l'objet, de la part des organisations professionnelles représentant les employeurs, de larges initiatives de communication et d'information auprès de leurs entreprises adhérentes respectives.

Les partenaires sociaux ont conclu l'avenant n° 20, relatif à l'aménagement et la réduction du temps de travail, du 29 novembre 2000, étendu par arrêté du 17 août 2001 (*JO* du 28) et applicable depuis le 1er septembre 2001. Toutefois, l'arrêté d'extension comportant certaines réserves, afin d'en faciliter la mise en œuvre et préciser sur un plan technique un certain nombre de ses dispositions, les partenaires sociaux ont conclu l'avenant n° 20 *bis* du 6 novembre 2001 modifiant et complétant l'avenant n° 20 précité, leurs dispositions étant reprises ci-après.

Les partenaires sociaux rappellent que l'avenant n° 20 du 29 novembre 2000 ouvre droit à l'accès direct à l'allégement de cotisations sociales (art. L. 241-13-1 du code de la sécurité sociale) pour les entreprises de moins de 50 salariés.

Section 1
Aménagement et réduction du temps de travail

19.1. Champ d'application

La durée hebdomadaire conventionnelle, au sens de l'article L. 212-1 du code du travail, est fixée à 35 heures de travail effectif dans les conditions notamment de calendrier d'application

---

(1) Observations du 19 juin 2001 du ministère : sous réserve, en ce qui concerne la modulation, du respect des dispositions du 1er alinéa de l'article L. 212-8 du code du travail qui définit les règles permettant de calculer la durée moyenne annuelle de travail. Ces règles, qui tiennent compte des congés légaux et des jours fériés prévus par l'article L. 222-1 du code du travail, peuvent conduire, certaines années, à un volume d'heures de travail inférieur à 1 600 heures.

précisées par la loi et selon les modalités convenues ci-après. Lorsque la durée hebdomadaire du travail effectif est supérieure à la durée légale applicable, les heures excédentaires sont des heures supplémentaires qui sont compensées en temps de repos majoré ou qui font l'objet d'une bonification pécuniaire conformément aux dispositions légales.

Au plan professionnel, les présentes dispositions sont directement applicables :

- aux relations entre employeurs et salariés visés à l'article 1er de la convention collective nationale de l'immobilier ; à l'exclusion des salariés faisant de la représentation, laquelle s'exerce à l'extérieur de l'entreprise et se caractérise par la prospection de la clientèle et la négociation avec cette dernière en vue de prendre des ordres ou de provoquer des ordres ou des commandes ;
- et aux unités économiques et sociales appliquant la convention collective nationale de l'immobilier précitée.

Le présent dispositif et les accords d'entreprise ou interentreprises portant sur la durée, l'aménagement du temps de travail et les salaires ne se cumulent pas : seules les dispositions les plus favorables appréciées globalement pour l'ensemble du personnel s'appliquent.

19.2. Emploi

Les employeurs et les représentants du personnel, s'il en existe, doivent, au sein de chaque entreprise étudier l'ensemble des possibilités de réorganisation, de réduction et d'aménagement du temps de travail permettant la création de nouveaux emplois ou le maintien des emplois existants.

Les outils d'aménagement et de réduction du temps de travail prévus au présent dispositif doivent être utilisés en priorité pour favoriser des embauches ou éviter des licenciements.

19.3. Définition du temps de travail effectif

19.3.1. Temps de travail effectif.

La durée du travail s'entend du temps de travail effectif s'écoulant entre le début et la fin de la journée de travail, quel que soit le lieu où il s'exécute, à l'exclusion de l'arrêt de travail consacré au repas, des temps de pause et plus généralement toutes interruptions entre deux séquences de travail qui ne sont pas du travail effectif dès lors que le salarié peut vaquer librement à des occupations personnelles.

Ces interruptions sont mentionnées sur l'horaire collectif affiché.

Sous réserve des dispositions sur le personnel autonome et de celles sur le calcul annuel en jours, la charge annuelle de travail correspondant à la fonction du salarié est de 1 600 heures (1), pour une durée légale hebdomadaire moyenne de travail effectif de 35 heures, hors congés légaux annuels et hors jours fériés.

19.3.2. Temps de travail effectif et mode de travail du salarié.

La durée effective du travail peut être appréciée différemment selon le mode de travail du salarié.

19.3.2.1. Le salarié autonome.

Est considéré comme autonome, d'une part, le salarié cadre qui dispose d'un degré d'initiative impliquant de sa part la prise de responsabilités effectives, compte tenu de sa formation, de ses compétences professionnelles et de ses fonctions d'animation, d'organisation et/ou de supervision, voire de direction qu'il assume et, d'autre part, tout autre collaborateur non cadre dont le degré d'autonomie, donc de responsabilité, est comparable, en particulier dans la relation avec la clientèle ou dans la gestion d'équipe.

Conformément à l'article L. 212-15-3 du code du travail, la durée du travail des cadres peut être calculée dans le cadre d'une convention individuelle annuelle en jours telle que définie à l'article 19.9 ci-après.

19.3.2.2. Les fonctions sédentaires.

Pour le personnel correspondant, le temps de présence dans l'entreprise, dans le cadre de l'horaire collectif ou sur la base duquel est déterminée la rémunération, fait partie de la durée effective du travail. Il en est de même des heures effectuées audelà de l'horaire habituel lorsqu'elles sont demandées par l'employeur (2). Sont notamment concernés les salariés occupant des emplois postés et continus.

19.3.2.3. Les fonctions mobiles.

Il s'agit principalement des salariés exerçant des fonctions commerciales, techniques, de développement et plus généralement de tout personnel tenu de se déplacer fréquemment dans le cadre de leurs missions.

---

(1) Même réserve que ci-dessus concernant les 1 600 heures.

(2) Cet alinéa a été étendu sous réserve de l'application des dispositions de l'article L. 212-5 du code du travail, telles qu'interprétées par la jurisprudence de la Cour de cassation (Cass. soc. 19 avril 2000 Multipress c/Boutillier), selon lesquelles constituent également des heures supplémentaires celles effectuées avec l'accord implicite de l'employeur.

Leurs missions et les objectifs qui leur sont assignés leur imposent, compte tenu notamment de leur compétence professionnelle, de disposer de la plus grande autonomie dans la conduite de leur travail et l'organisation de leurs horaires.

Dès lors qu'ils sont seuls juges de leurs dépassements individuels d'horaire, ces dépassements ne sont pas pris en compte dans la détermination du temps de travail. Leur rémunération en tient compte.

Peuvent être considérés comme mobiles aussi bien les salariés cadres que les salariés non cadres, notamment les commerciaux, les gestionnaires de copropriété et les inspecteurs d'immeubles.

La durée du travail de ces salariés peut être fixée par convention individuelle de forfait établie sur une base hebdomadaire, mensuelle ou annuelle, qui fait l'objet d'un accord écrit avec le salarié concerné et ceci dans le cadre défini par l'article 19.8 ci-après.

19.3.3. Temps de trajet et de déplacement.

Les trajets effectués par le salarié de son domicile à son lieu de travail (bureau, client...) ou pour en revenir ne sont pas considérés comme du temps de travail effectif.

S'agissant des temps de déplacement, à l'intérieur de la journée de travail, ils sont considérés comme du temps de travail effectif pour le personnel sédentaire. Pour le personnel mobile, autonome ou non, il est tenu compte de ces temps de déplacement pour l'appréciation de son activité, sous réserve de dispositions plus favorables internes à l'entreprise en cas de missions exceptionnelles.

19.3.4. Temps de formation.

L'employeur doit assurer l'adaptation du salarié à l'évolution de son emploi. Le temps passé en formation par le salarié sur instruction de son employeur, dans le cadre du plan de formation de l'entreprise, est du temps de travail effectif. Lorsque la formation est suivie à la demande du salarié notamment dans le cadre du CIF, et n'est pas directement liée à l'activité de l'entreprise ou à l'exercice de ses fonctions et de ses compétences professionnelles, les périodes correspondantes sont exclues du temps de travail effectif (1).

---

(1) Cet alinéa a été étendu sous réserve de l'application des 3e et 6e alinéas de l'article L. 932-2 du code du travail : « La rémunération du salarié ne doit pas être modifiée par la mise en œuvre de ces dispositions. Le refus du salarié de participer à des actions de formation réalisées dans ces conditions ne constitue ni une faute ni un motif de licenciement... Pendant la durée de ces formations, le salarié bénéficie de la législation de la sécurité sociale relative à la protection en matière d'accident du travail et de maladies professionnelles. »

Des actions de formation notamment celles sanctionnées par un titre ou un diplôme ayant pour objet le développement des compétences du salarié, en dehors de celles destinées à adapter, entretenir ou actualiser les compétences requises par les activités professionnelles exercées par le salarié, peuvent être réalisées pour partie hors du temps de travail effectif par accord écrit entre l'employeur et le salarié qui définit notamment le nombre de jours et/ou d'heures passé en formation hors du temps de travail effectif, ainsi que le cas échéant son imputation sur des jours de repos. Les actions de formation concernées sont celles ayant fait l'objet de l'accord écrit visé ci-dessus. Au regard de la pratique, une limitation du nombre de jours de repos visé par le présent article pourra être précisée par voie d'avenant ou par accord d'entreprise.

19.4. Salaires minima

Par suite de la mise en place de l'aménagement et de la réduction du temps de travail, les salaires mensuels minima conventionnels pour chacun des emplois définis dans l'annexe classification des emplois sont déterminés conformément aux dispositions de l'article 37.2 de la convention collective nationale de l'immobilier, H pouvant être l'horaire mensuel résultant du présent dispositif, chaque entreprise pouvant maintenir tout ou partie du salaire antérieur, notamment par le versement d'un complément différentiel et ce, sous réserve de l'application des dispositions de l'article 32 de la loi n° 2000-37 du 19 janvier 2000 selon lesquelles certains salariés bénéficient d'un maintien du niveau de leur rémunération lors de la mise en œuvre de la réduction du temps de travail.

19.5. Principes de l'aménagement et de la réduction du temps de travail

19.5.1. Modalités de la réduction du temps de travail.

La réduction du temps de travail effectif peut être réalisée notamment :

- en diminuant l'horaire hebdomadaire de travail ;
- en réduisant le temps de travail par l'octroi de journées ou de demi-journées de repos.

Cette réduction du temps de travail pourra s'effectuer également dans le cadre des dispositions de l'article 19.6 ci-après.

19.5.2. Réduction du temps de travail sous forme de jours de repos.

Une réduction du temps de travail en deçà de 39 heures peut être organisée par l'attribution de jours ou de demi-journées dans l'année.

19.5.2.1. Période de référence.

Les jours de repos sont pris et répartis sur une période de 12 mois consécutifs (par exemple année civile, période de référence servant à déterminer le droit aux congés payés, année correspondant à l'exercice comptable).

19.5.2.2. Répartition des jours de repos.

Les jours ou demi-journées de repos sont pris, pour moitié au choix du salarié et pour moitié au choix de l'employeur selon des modalités définies au sein de l'entreprise.

Dans les deux cas, l'information est donnée à l'autre partie 21 jours au moins à l'avance. Les repos sont pris dans un délai maximum de 12 mois suivant leur acquisition. En cas de modification des dates fixées pour la prise des jours de repos, ce changement doit être notifié au salarié dans un délai de 7 jours au moins avant la date à laquelle cette modification doit intervenir, sauf accord individuel différent ou en cas de circonstances exceptionnelles, le délai de 7 jours dans ces derniers cas étant réduit à un jour franc. La prise du repos acquis conformément au présent article n'entraîne pas de réduction de la rémunération.

Toute absence rémunérée ou non, hors congés payés et jours fériés, ayant pour effet d'abaisser la durée effective du travail à 35 heures au plus entraînera une réduction proportionnelle des droits à repos.

La rémunération mensuelle est calculée sur la base de l'horaire moyen pratiqué sur l'année, indépendamment de l'horaire réellement accompli dans la limite de 39 heures par semaine.

Les congés et absences rémunérés de toute nature sont payés sur la base du salaire mensuel lissé.

Pour les congés et absences non rémunérés, chaque heure non effectuée est déduite de la rémunération mensuelle lissée proportionnellement au nombre d'heures constatées par rapport au nombre d'heures réel du mois considéré.

Le contrôle de la durée du travail s'effectuera dans les conditions prévues par les articles D. 212-18 à D. 212-23 du code du travail.

19.5.2.3. Respect des temps domestiques et physiologiques des personnes.

Les parties reconnaissent que certaines formes d'aménagement du temps de travail, notamment celles nécessitant une adaptabilité des temps de travail aux besoins de la clientèle, risquent d'entraîner des contraintes aux salariés.

En conséquence, il est demandé aux entreprises du secteur d'activité de veiller au respect des temps domestiques et physiologiques des personnes.

19.5.3. Réduction du temps de travail dans le cadre de cycles d'activité.

L'activité des entreprises peut se caractériser par des périodes cycliques, de plus ou moins grande intensité. Ces périodes varient d'une entreprise à l'autre selon leur créneau d'activités, la nature des tâches réalisées et celle des clients. Ces variations cycliques découlent souvent de contraintes extérieures qui ne peuvent pas toujours être anticipées. Ces impératifs sont l'une des spécificités des professions représentées. Ce qui a pour effet d'augmenter sensiblement le temps de travail permettant de faire face à ce surcroît d'activité.

En fonction des besoins de l'entreprise et de l'organisation du temps de travail du salarié, la durée hebdomadaire du travail appliquée dans l'entreprise peut être organisée sous forme de cycle d'activité dès lors que sa répartition à l'intérieur du cycle se répète à l'identique d'un cycle à l'autre.

La durée maximum du cycle de travail ne doit pas dépasser 12 semaines consécutives.

Sous réserve que soit respectée pour chacune des semaines la durée maximale hebdomadaire du travail pouvant être accomplie, le nombre d'heures travaillées par semaine peut varier à l'intérieur d'un cycle d'activité de façon inégale dans la limite de 0 heure pour les semaines basses et de 46 heures pour les semaines hautes.

Seules sont considérées comme des heures supplémentaires les heures qui dépassent la durée légale du travail calculée en moyenne sur le cycle.

19.5.4. Réduction du temps de travail dans le cadre de la saisonnalité.

Le présent dispositif contribue à l'accroissement de l'efficacité des entreprises à travers la souplesse d'adaptation aux variations d'activités, qu'elles soient saisonnières ou conjoncturelles, afin d'accroître leur réactivité face aux demandes des clients, tout en réduisant les coûts liés à la gestion de ces variations.

Dans ce cadre et afin de tenir compte des besoins, les horaires peuvent être modulés pour faire face aux fluctuations saisonnières ou conjoncturelles. La variation de la durée hebdomadaire de travail, sur tout ou partie de l'année, doit respecter sur l'année la durée hebdomadaire moyenne et la limite des durées maximales quotidiennes et hebdomadaires, les périodes de haute activité se compensant sur l'année avec les périodes de basse ou de moyenne activité, le tout dans une variation de 0 à 46 heures.

19.6. Aménagement du temps de travail sur l'année

La durée hebdomadaire du travail peut varier sur tout ou partie de l'année moyennant une réduction du temps de travail dans les conditions précisées ci-après, l'objectif étant de compenser les hausses et les baisses d'activité en permettant aux entreprises de gérer au cours des périodes choisies les variations de charges auxquelles elles sont confrontées, en respectant les délais de prévenance prévus par la loi.

19.6.1. Variation des horaires.

Le nombre d'heures travaillées peut varier d'une semaine à l'autre en fonction de la charge de travail.

La période de variation ne peut être supérieure à 12 mois consécutifs (par exemple année civile, période de référence servant à déterminer le droit aux congés payés, année correspondant à l'exercice comptable).

Les semaines de forte activité se compensent avec les semaines de faible activité.

Si la durée annuelle totale du travail effectif est dépassée à l'issue de la période de modulation, les heures excédentaires sont soumises au régime des heures supplémentaires et ouvrent droit à une majoration de salaire ou de repos de remplacement conformément à l'article 2 de la loi n° 2000-37 du 19 janvier 2000.

Les heures excédentaires s'imputent sur le contingent annuel d'heures supplémentaires et dont les limites peuvent être négociées par avenant ou accord d'entreprise, dans le cadre des dispositions prévues par la loi n° 2000-37 du 19 janvier 2000 précitée, sauf si leur paiement est remplacé par un repos équivalent majoré.

L'horaire hebdomadaire peut varier de 0 à 46 heures. Le temps de travail quotidien, pendant les semaines de basse activité, ne peut être inférieur à 4 heures consécutives. Ce mode d'organisation est compatible avec la possibilité de convertir la réduction du temps de travail en jours de repos.

Sauf cas exceptionnel et dans les seuls cas de recours autorisés par les dispositions légales, le recours au travail temporaire et aux contrats à durée déterminée est limité aux hypothèses de remplacement, au surcroît d'activité non programmé et aux emplois saisonniers que la mise en œuvre de la modulation ne permet pas d'écarter complètement.

Les salariés employés sous contrat à durée déterminée ou temporaire ne sont pas concernés par les dispositions du présent article portant sur la modulation du temps de travail à l'exception de ceux dont le contrat est motivé par un remplacement d'un salarié absent pour une durée d'au moins 6 mois.

Hormis les cas des contrats à durée déterminée ou temporaire, lorsqu'un salarié du fait d'une embauche ou d'une rupture du contrat n'a pas accompli la totalité de la période de modulation, une régularisation est effectuée en fin de période de modulation ou à la date de la rupture du contrat. S'il apparaît que le salarié a accompli une durée du travail supérieure à la durée correspondant au salaire lissé, il est accordé au salarié un complément de rémunération égal à la différence de rémunération entre celle correspondant aux heures réellement effectuées et celles rémunérées. Ce complément de rémunération est versé avec la paie du premier mois suivant le dernier mois de la période de modulation, ou lors de l'établissement du solde de tout compte. Si les sommes versées sont supérieures à celles correspondant au nombre d'heures réellement accomplies, une compensation est faite avec la dernière paie ou le premier mois suivant l'échéance de la période de modulation entre les sommes dues par l'employeur et cet excédent et ce, sous réserve de l'application des dispositions des articles L. 145-2 et R. 145-2 du code du travail qui précisent les conditions dans lesquelles est déterminée la fraction saisissable de la rémunération.

Toutefois, en cas de rupture du contrat de travail pour motif économique, aucune retenue n'est effectuée.

Le salarié n'ayant pas travaillé pendant la totalité de la période de modulation de la durée du travail ou le salarié dont le contrat de travail a été rompu au cours de cette même période, restant bénéficiaire d'un droit à repos compensateur, perçoit une indemnité compensatrice.

Au regard des données économiques et sociales qui conduisent à l'adoption du présent dispositif, l'entreprise établit un programme indicatif précisant :

- les périodes de fortes activités ;
- les périodes de plus faibles activités.

Cette programmation indicative est établie chaque année, après consultation du comité d'entreprise ou à défaut des délégués du personnel, si ces institutions existent.

Elle est portée à la connaissance du personnel concerné au moins 30 jours avant sa date d'entrée en vigueur.

Toute modification de cette programmation fait l'objet d'une consultation préalable du comité d'entreprise ou des délégués du personnel, si ces institutions existent, et d'une communication au personnel en respectant un délai de prévenance de 7 jours ouvrés.

Le décompte du temps de travail effectué par chaque salarié est fait au moyen d'un relevé quotidien et hebdomadaire validé par l'employeur. Un récapitulatif mensuel est mentionné ou annexé au bulletin de paie.

19.6.2. Chômage partiel.

L'organisation du travail doit, en principe, permettre un strict respect du volume d'heures annuelles.

Dans le cas où il apparaîtrait que le volume d'heures travaillées sur la période annuelle est inférieur au volume prévu, l'employeur peut demander l'application du régime d'allocation spécifique de chômage partiel dans les conditions prévues aux articles R. 351-50 et suivants du code du travail ou maintenir la rémunération des salariés concernés.

19.7. Aménagement individualisé des temps de travail

19.7.1. Aménagement individualisé.

La direction de chaque entreprise peut aménager le temps de travail en définissant des horaires différents suivant la nature des prestations de services effectuées.

Les salariés mobiles, au sens de l'article 19.3.2.3 ci-dessus, suivent l'horaire applicable en fonction du type de clients.

Sur la demande des salariés, l'employeur peut mettre en place des horaires individualisés, sous réserve que le comité d'entreprise ou, à défaut, les délégués du personnel ne s'y opposent pas. Dans les entreprises dépourvues de délégués du personnel ou de représentants syndicaux, la mise en place de tels horaires est subordonnée à l'information préalable de l'inspecteur du travail compétent.

Un règlement établi par l'employeur détermine les conditions d'utilisation des horaires individualisés et fixe, entre autres, les plages impératives au cours desquelles les salariés doivent obligatoirement être présents au travail et les limites des plages variables. Il fixe également les règles de report des heures correspondant aux plages variables.

19.7.2. Astreinte

(Annulé par avenant n° 27 du 30 mai 2005)

19.7.3. Travail de nuit.

Constitue un travail de nuit tout travail se déroulant entre 22 heures et 7 heures.

Sont considérés travailleurs de nuit les salariés effectuant habituellement :

– soit 2 fois par semaine au moins 3 heures dans l'horaire ci-dessus défini ;

– soit un nombre minimal de 260 heures annuelles dans la plage « horaire de nuit ».

En application des dispositions de la loi n° 2001-397 du 9 mai 2001 et de la circulaire DRT 2002-09, et compte tenu des particularités d'exploitation des établissements ouverts au public assurant une garde, une surveillance ou une permanence, la limite maximale de la durée hebdomadaire du travail des travailleurs de nuit chargés de ces fonctions est portée à 44 heures, calculée sur une période de 12 semaines consécutives et la durée quotidienne du travail pourra être portée au maximum à 10 heures (1).

Section 2

Dispositions relatives à l'encadrement

Compte tenu de la place et des responsabilités particulières que l'encadrement assume dans la bonne marche des entreprises ;

Compte tenu de son rôle essentiel dans l'organisation du temps de travail en fonction des dispositions législatives et conventionnelles ;

Compte tenu qu'aujourd'hui, pour de nombreux salariés, le temps de travail ne peut être enfermé dans des horaires continus et contrôlés par l'employeur ;

Compte tenu des possibilités offertes par les moyens bureautiques modernes et les nouvelles technologies, qui font évoluer l'exercice traditionnel des activités professionnelles ;

Compte tenu que cette évolution rencontre les aspirations des salariés qui souhaitent travailler selon un rythme qui leur soit propre, lorsque cela est compatible avec les contraintes de l'entreprise et le respect du droit du travail ;

Compte tenu que des mesures spécifiques à ces personnels doivent être mises en place selon la nature des fonctions et responsabilités qui leur sont confiées et que la référence à une mesure du temps, exprimée en nombre de journées ou demi-journées travaillées, est plus adaptée en ce qui les concerne que le calcul en heures ;

L'employeur peut appliquer selon la nature des fonctions et sous réserve des dispositions sur les cadres dirigeants :

– soit un forfait annuel sur la base d'une référence horaire ;
– soit un forfait reposant sur un décompte annuel en journées.

Les signataires souhaitant tout à la fois favoriser l'émergence de nouvelles formes de liens contractuels entre l'entreprise et l'encadrement et faire bénéficier celui-ci d'une réduction réelle de son temps de travail, conviennent des mesures ci-après.

---

(1) Alinéa étendu sous réserve de l'application des dispositions de l'article R. 213-4 du code du travail *(arrêté du 13 avril 2005, art. 1er)*.

19.8. Forfait annuel sur la base d'une référence horaire

Les parties constatent que, du fait de l'activité des entreprises concernées, il peut exister une catégorie de cadres dont le temps de travail est impossible à évaluer par avance compte tenu de la nature de leurs fonctions, de leurs responsabilités et de leur degré d'autonomie dans l'organisation de leur emploi du temps.

Par exemple, outre les non-cadres mobiles, sont notamment concernés les cadres ayant les fonctions intermédiaires :
– de gestion locative ;
– de gestion de copropriété ;
– de comptabilité ;
– techniques et/ou administratives.

Pour ceux-ci, il est mis en place, par convention individuelle, un forfait annuel d'heures dont le nombre maximum correspond au plus à la durée légale augmentée du contingent d'heures supplémentaires fixé par les dispositions réglementaires en vigueur.

La rémunération afférente au nombre d'heures retenu doit être au moins égale à la rémunération que le salarié recevrait compte tenu du salaire minimum conventionnel applicable dans l'entreprise et des bonifications ou majorations prévues à l'article L. 212-5 du code du travail.

Les cadres concernés doivent organiser leur temps de travail à l'intérieur de ce forfait annuel en respectant les limites suivantes :
– durée quotidienne de travail maximum : 10 heures ;
– durée hebdomadaire de travail maximum : 48 heures.

Compte tenu des conditions d'exercice de leur mission, et en particulier de l'autonomie dont ils disposent dans l'organisation de leur emploi du temps et du fait que leur durée du travail ne peut être prédéterminée, la convention de forfait annuel en heures est également applicable aux salariés non cadres mobiles définis à l'article 19.3.2.3 ci-dessus. Toutefois, ces salariés sont soumis au contingent d'heures supplémentaires de droit commun conformément aux articles L. 212-6 et D. 212-25 du code du travail.

Chaque mois, les salariés ayant conclu une convention individuelle annuelle d'heures doivent remettre, pour validation à l'employeur, un relevé des heures accomplies au cours du mois précédent. Ce relevé établi par auto-déclaration doit en particulier mentionner les durées quotidiennes et hebdomadaires de travail réalisées, afin que puissent être identifiés les éventuels non-respects des limites quotidiennes et hebdomadaires définies ci-dessus.

Il est convenu que la rémunération de chaque salarié concerné est lissée sur la base de l'horaire moyen de référence, de façon à assurer une rémunération régulière, indépendante de l'horaire réel pendant toute la période de rémunération.

Les absences rémunérées de toute nature sont payées sur la base du salaire mensuel lissé.

Les absences non rémunérées de toute nature sont retenues proportionnellement au nombre d'heures d'absence constatées par rapport au nombre d'heures réel du mois considéré.

Le contrat de travail doit laisser aux salariés concernés la liberté dans l'organisation d'une partie de leur temps de travail. Sous cette réserve, l'employeur et le salarié répartissent d'un commun accord les heures de travail sur l'année.

Le contrat de travail des salariés concernés peut prévoir :
- les modalités de la rémunération forfaitaire ;
- la possibilité d'utiliser un compte épargne-temps sous réserve qu'un accord complémentaire de branche étendu ou d'entreprise en prévoie la mise en place conformément aux dispositions de l'article L. 227-1 du code du travail, ou tout autre avantage convenu avec l'employeur.

La mise en œuvre d'une rémunération forfaitaire peut constituer une modification du contrat de travail nécessitant l'accord du salarié.

Le volume d'heures annuel prévu audit forfait tient compte de la réduction du temps de travail. Cette réduction se fait comme pour les autres salariés, sous la forme :
- d'une attribution de repos supplémentaires (à la semaine, à la quinzaine, au mois ou à l'année) ;
- d'une réduction quotidienne ;
- d'une combinaison de ces deux modalités.

La répartition du temps de travail peut se faire sur la base :
- d'une semaine de 6 jours ;
- d'une semaine de 5,5 jours ;
- d'une semaine de 5 jours ;
- sur moins de 5 jours au niveau du salarié dans le cadre d'une ouverture de l'entreprise de 5 à 6 jours par semaine.

Les parties signataires du présent dispositif considèrent que les employeurs doivent privilégier la réduction du temps de travail de ces personnels sous forme de jours de repos.

19.9. Forfait reposant sur un décompte annuel en journées

Les employeurs peuvent appliquer un forfait reposant sur un décompte annuel en journées maximum de 217 jours, sauf affectation des jours de repos dans un compte épargne-temps.

Les parties constatent que, compte tenu de l'activité des entreprises concernées, il existe une catégorie de cadres répondant aux exigences de l'article L. 212-15-3 du code du travail. Il s'agit des cadres qui ne sont pas soumis à l'horaire collectif de leur service ou de leur équipe, ou dont les horaires ou la durée du travail ne peuvent être prédéterminés, compte tenu de la nature de leurs fonctions, de leurs responsabilités et de leur degré d'autonomie dans l'organisation de leur emploi du temps. Cela concerne notamment les cadres dont le rythme d'activité s'organise par relation directe avec la clientèle et ses exigences. Cela concerne également les cadres mobiles qui, en raison des conditions d'exercice de leurs fonctions, et notamment du fait qu'ils sont amenés à se déplacer habituellement hors des locaux de l'entreprise pour l'exécution de leur travail, disposent d'un degré élevé d'autonomie dans l'organisation de leur emploi du temps, et ne peuvent être soumis de ce fait à un encadrement ni à un contrôle des heures de travail qu'ils effectuent.

Pour exemple, sont notamment concernés, quels que soient leurs niveaux de classification, les cadres assurant de manière autonome les fonctions de :
– négociation commerciale, conseil, expertises ;
– gestion d'ensembles immobiliers ;
– gestion technique ;
– direction ou responsabilité d'un service.

Ce forfait fait l'objet d'un avenant au contrat de travail pour chaque salarié concerné. Celui-ci doit définir la fonction justifiant l'autonomie dont dispose le salarié pour l'exécution de sa mission ou de sa prestation de services.

L'employeur et le cadre définissent en début d'année, ou deux fois par an si nécessaire, le calendrier prévisionnel de l'aménagement du temps de travail et de la prise des jours de repos sur l'année. Une fois par an, ils établissent un bilan de la charge de travail de l'année écoulée (application du calendrier prévisionnel, organisation du travail, amplitude des journées d'activité).

Le nombre de journées ou demi-journées travaillées par ces personnels est déterminé dans le respect des dispositions légales en vigueur.

La réduction du temps de travail de ces salariés se fait obligatoirement sous forme de jours de repos ou de demi-journées. Ces modalités de réduction du temps de travail peuvent être complétées et améliorées par accord entre le salarié et son employeur.

A l'occasion de la prise de repos, les cadres concernés complètent un document récapitulant le nombre de jours travaillés et le nombre de journées ou demi-journées de repos prises.

La demi-journée s'entend comme le temps s'écoulant avant la pause prévue pour le déjeuner ou le temps s'écoulant après le déjeuner.

Ce document est conservé par l'employeur et tenu pendant 3 ans à la disposition de l'inspection du travail.

Ces cadres « autonomes » bénéficient d'une rémunération forfaitaire, en contrepartie de l'exercice de leur mission. Leur temps de travail est décompté en nombre de jours travaillés, dans les conditions prévues ci-dessus.

Ils ne sont donc pas tenus de respecter un encadrement ou une organisation précise de leurs horaires de travail, et ne sont pas soumis aux dispositions de l'article L. 12-1 et de l'article L. 212-7, alinéa 2, du code du travail.

Ils bénéficient d'une réduction effective du temps de travail selon les modalités spécifiques prévues par le présent dispositif.

Les cadres concernés doivent organiser leur temps de travail à l'intérieur de ce forfait annuel, en respectant un repos quotidien continu de 11 heures entre 2 journées de travail. Le calendrier prévisionnel de l'aménagement du temps de travail et de la prise des jours de repos sur l'année doit garantir la prise du repos hebdomadaire d'un minimum de 35 heures incluant une journée complète.

19.10. Les cadres dirigeants

Les cadres dirigeants, entendu comme ceux auxquels sont confiées des responsabilités dont l'importance implique une grande indépendance dans l'organisation de leur emploi du temps, qui sont habilités à prendre des décisions de façon largement autonome et qui perçoivent une rémunération dans les niveaux les plus élevés des systèmes de rémunérations pratiqués au sein de l'entreprise, ne sont pas soumis aux dispositions légales relatives à l'aménagement et à la réduction du temps de travail.

Section 3

Dispositions générales

19.11. Durée des dispositions relatives à la durée du travail

Les présentes dispositions relatives à la durée du travail sont conclues pour une durée indéterminée. Elles peuvent être révisées ou dénoncées dans les conditions définies par la loi.

Si de nouvelles dispositions, législatives ou réglementaires, remettaient en cause l'équilibre du présent dispositif, les parties signataires s'engagent à examiner les conséquences que pourraient avoir celles-ci sur le présent dispositif qui pourrait être dénoncé en cas d'échec des négociations, conformément aux dispositions légales en vigueur en la matière.

Les parties signataires veilleront à adapter les présentes dispositions à d'éventuelles nouvelles dispositions législatives plus favorables.

19.12. Commission nationale de suivi de branche

Compte tenu de l'importance des présentes dispositions relatives à la durée du travail, les parties signataires conviennent de créer et de mettre en œuvre une commission nationale de branche pour le suivi de l'évolution de l'emploi dans la branche.

Cette commission est composée de 2 membres par organisation professionnelle et par syndicat de salariés signataires. Cette commission se réunit et dresse le bilan de l'évolution de l'application du présent dispositif. Cette commission fonctionne dans les conditions fixées à l'article 4 de la convention collective relatif à la conciliation et l'interprétation.

Article 20
Heures supplémentaires

Les heures supplémentaires sont prises en compte dans les conditions précisées à l'article 19 ci-dessus et dans le respect des dispositions légales et réglementaires applicables en la matière, notamment visées aux articles L. 212-5 et suivants et R. 212-2 et suivants du code du travail.

Article 21
Congés payés

21.1. Les jours fériés sont les 11 fêtes légales visées à l'article L. 222-1 du code du travail : 1er Mai, 1er janvier, lundi de Pâques, 8 Mai, Ascension, lundi de Pentecôte, 14 Juillet, Assomption, Toussaint, 11 Novembre et Noël.

21.2. Durée des congés : les congés sont acquis sur la base de 2 jours et 1/2 ouvrables par mois de travail effectif pendant la période de référence fixée légalement du 1er juin de l'année précédente au 31 mai de l'année au cours de laquelle s'exerce le droit à congés sauf période de référence différente pour l'acquisition des droits à congés payés fixée par accord collectif et se calant sur la période de modulation (prévue à l'article 19.6 ci-dessus) ou sur la période de référence choisie pour la mise en place d'une réduction du temps de travail sous forme de jours de repos (prévue à l'article 19.5.1 ci-dessus), avec application, s'il y a lieu, des majorations prévues par :

- l'article L. 223-5 pour les femmes de moins de 21 ans ayant un ou des enfants à charge ;
- l'article L. 223-8, 3e alinéa, pour les congés pris en dehors de la période du 1er mai au 31 octobre, et ce, sous réserve de l'application des dispositions de l'article L. 223-4 du code du travail.

Sont considérées comme temps de travail effectif pour le calcul du droit à congé payé les périodes ainsi qualifiées par les dispositions du code du travail et les périodes d'absence intégralement rémunérées.

Il ne peut y avoir report de congés au-delà de l'année de référence suivant celle justifiant les droits acquis, sauf s'agissant du personnel originaire de départements ou territoires d'outre-mer ou de pays étrangers et sauf dérogation par accord collectif d'entreprise ou d'établissement pour un report conventionnel conformément à l'article L. 223-9.

21.3. Période des congés : rappel fait des règles de fractionnement du congé fixées par l'article L. 223-8 du code du travail, le salarié a le droit de prendre au moins 24 jours ouvrables pendant la période du 1er mai au 31 octobre. Toutefois, une partie des congés peut être prise en dehors de cette période en accord entre employeur et salarié.

Rappel étant fait de la possibilité pour les salariés, sous réserve de l'accord de leur employeur, de ne pas avoir à attendre la fin de la période de référence (soit le 1er mai) pour pouvoir bénéficier de leurs congés payés, mais de pouvoir les prendre dès l'ouverture du droit à congé (art. L. 223-2).

Le calendrier des congés est établi par l'employeur avant le 15 avril de chaque année, après avis, le cas échéant, des délégués du personnel, en fonction des nécessités du service, en tenant compte de la situation de famille des bénéficiaires, notamment des possibilités de congés du conjoint et de la durée de leur service chez l'employeur, autant que possible des congés scolaires pour les salariés ayant des enfants scolarisés et de la situation des salariés ayant plusieurs employeurs.

Les conjoints et les bénéficiaires d'un pacs travaillant dans une même entreprise ont droit à un congé simultané.

Dans les cas exceptionnels où un salarié en congé serait rappelé par l'employeur, il lui serait accordé 3 jours ouvrables de congé supplémentaire et les frais de voyage aller et retour occasionnés par ce rappel lui seront remboursés.

21.4. Indemnisation du congé : pendant la période des congés payés, le salarié reçoit, en règle générale (règle du salaire maintenu), la rémunération globale brute mensuelle contractuelle qu'il aurait reçue en activité, sauf application de la règle du 10e (art. L. 223-11 du code du travail), si ce mode de calcul est plus favorable.

Il ne peut y avoir indemnité de congés non pris qu'en cas de rupture du contrat de travail.

Article 22

Congés exceptionnels pour événements familiaux

Indépendamment des congés visés à l'article 21, et à la condition qu'ils soient pris au moment de l'événement justificatif, les salariés peuvent bénéficier des congés payés pour « affaires de famille » suivantes :

- mariage du salarié : 6 jours ouvrables ;
- mariage dans la proche famille (enfant, ascendant, frère, sœur) : 1 jour ouvrable ;
- décès conjoint, partenaire pacsé, ascendant, enfant : 3 jours ouvrables ;
- décès frère, sœur, beau-frère, belle-sœur, beaux-parents : 1 jour ouvrable ;
- cérémonie religieuse concernant un enfant : 1 jour ouvrable ;
- naissance d'un enfant : 3 jours ouvrables ;
- arrivée au foyer d'un enfant en vue de son adoption : 3 jours ouvrables.

Article 23

Congé sans solde

Les salariés peuvent obtenir un congé sans solde dans les conditions prévues par :

– l'article 6 de la convention (Autorisation d'absence pour participation aux réunions paritaires) et l'article L. 451-1 du code du travail (Congé d'éducation ouvrière de 12 jours ouvrables au maximum par an) ;
– les articles L. 122-24-1 et 2 relatifs à la situation des salariés candidats ou élus à l'Assemblée nationale ou au Sénat ;
– l'article 24 de la convention fixant la situation des salariés en congé de maladie ou d'accident du travail ;
– les articles L. 122-28-1 à 4 visés à l'article 25 de la convention et relatifs au congé parental d'éducation ;
– les textes légaux et réglementaires relatifs à la formation professionnelle ;
– les articles L. 122-32-12 à 28 instituant le congé pour création d'entreprise et le congé sabbatique ;
– l'article L. 122-28-8 du code du travail relatif au congé pour enfant malade ;
– l'article L. 122-28-9 du code du travail relatif au congé de présence parentale ;
– les articles L. 225-15 à L. 225-19 du code du travail relatifs au congé d'accompagnement d'une personne en fin de vie ;
– les articles L. 122-25-4 nouveau et L. 122-26 modifié du code du travail (loi de financement de la sécurité sociale pour 2002) ayant institué le congé de paternité de 11 jours ou 18 jours en cas de naissances ou d'adoptions multiples.

L'employeur peut en outre, à titre exceptionnel, accéder à toute demande de suspension du contrat de travail formulée par un salarié, notamment lorsque dans les situations susvisées l'entreprise n'est pas concernée par la réglementation du fait des seuils d'effectif qu'elle institue.

Au terme du congé sans solde :

a) Le salarié est réintégré aux conditions fixées par son contrat de travail à la date de suspension. Si le salarié ne réintègre pas l'entreprise, le contrat de travail est résilié dans les conditions prévues à l'article 29 de la convention ;

b) L'employeur notifie à l'intéressé la date de référence pour le calcul des droits à ancienneté dans l'entreprise, la date d'origine étant reportée d'une durée équivalant à celle de la suspension du contrat de travail, sauf s'agissant :

– de congés sans solde d'une durée inférieure à 1 mois au total sur une période de 12 mois consécutifs ;
– des situations dans lesquelles les dispositions légales ou réglementaires assurent le maintien de tout ou partie de l'ancienneté (notamment en cas d'accident du travail).

CHAPITRE V

RÉGIME DE PRÉVOYANCE ET DE RETRAITE COMPLÉMENTAIRE ET OBLIGATIONS MILITAIRES

Article 24

Maladie. – Accidents du travail

24.1. Justification d'absence : toute absence pour maladie ou accident doit être portée à la connaissance de l'employeur le plus rapidement possible, et justifiée par un certificat médical qui doit parvenir à l'entreprise dans le délai de 3 jours et à la sécurité sociale dans le délai de 48 heures suivant la date de l'arrêt de travail.

En cas de prolongation possible, le salarié doit informer l'employeur de la date présumée de reprise du travail afin que les mesures adéquates de remplacement puissent être prises, notamment en matière d'information du remplaçant.

24.2. Maintien de la rémunération : en cas d'indisponibilité dûment justifiée, et sous réserve de prise en charge par la sécurité sociale, le salarié malade ou accidenté percevra 90 % du salaire global brut mensuel contractuel défini à l'article 37.4 de la CCN, acquis à la date de l'arrêt, pendant :

- 30 jours après 1 an de présence dans l'entreprise ;
- 90 jours après 3 ans de présence dans l'entreprise ;
- 110 jours après 8 ans de présence dans l'entreprise ;
- 120 jours après 13 ans de présence dans l'entreprise ;
- 130 jours après 18 ans de présence dans l'entreprise ;
- 170 jours après 23 ans de présence dans l'entreprise ;
- 190 jours après 33 ans de présence dans l'entreprise.

Lors de chaque arrêt de travail, les périodes d'indemnisation commenceront à courir à compter du 1er jour d'absence.

Pour le calcul des indemnités dues au titre d'une période de paie, il sera tenu compte des indemnités déjà perçues par l'intéressé durant les 12 mois antérieurs de telle sorte que, si plusieurs absences pour maladie ou accident ont été indemnisées au cours de ces 12 mois, la durée totale d'indemnisation ne dépasse pas celle applicable en vertu des alinéas précédents.

En cas d'accident du travail, le complément de salaire se fera dans les mêmes conditions que pour la maladie, sans toutefois que l'ancienneté de 1 an soit requise.

Les périodes d'arrêt consécutives à un accident du travail n'entrent pas en ligne de compte pour l'appréciation des droits aux indemnités complémentaires de maladie.

Les garanties précisées ci-avant s'entendent déduction faite des allocations que l'intéressé perçoit de la sécurité sociale et des régimes complémentaires de prévoyance alimentés par les cotisations patronales, l'employeur étant subrogé dans les droits du salarié auprès de ces organismes. Lorsque les indemnités de la sécurité sociale sont réduites du fait, par exemple, de l'hospitalisation ou d'une sanction de la caisse pour non-respect de son règlement intérieur par le salarié, elles sont réputées être servies intégralement.

24.3. Au terme de la période d'absence rémunérée par l'employeur, le salarié accidenté ou malade qui n'est pas en mesure de reprendre son travail est placé en position de congé sans solde réglé par l'article 23 :

- pendant une période de 2 mois s'ajoutant à la période rémunérée susvisée, en cas de maladie ou d'accident non professionnel sans que cette durée puisse être inférieure à 3 mois dès la période d'essai accomplie, les conditions de rupture du contrat de travail au terme de cette période étant fixées à l'article 29 ;
- et, sous réserve de l'application de l'article L. 122-32-1 et suivants du code du travail, jusqu'à ce qu'il soit en mesure de reprendre son emploi, en cas d'accident du travail et/ou de maladie professionnelle, dans les conditions prévues par les articles L. 122-32-1 à 11 du code du travail.

Article 25

Maternité. – Adoption

Les conditions dans lesquelles le contrat de travail est suspendu en cas de maternité ou d'adoption sont régies par l'article L. 122-26 du code du travail.

Pendant la période légale de suspension du contrat de travail, le salaire global des intéressés, visé à l'article 37.4 ci-après, est maintenu à 100 % dans la limite du plafond de la sécurité sociale et sous déduction des indemnités journalières versées par cet organisme.

Les intéressés bénéficient en outre des dispositions prévues par l'article L. 122-28 du code du travail (droit à réintégration).

Les femmes enceintes bénéficieront d'un temps de pause de 15 minutes le matin et de 15 minutes l'après-midi.

Le temps passé aux consultations prénatales obligatoires est rémunéré.

Article 26

Prévoyance et complémentaire santé

Le régime de prévoyance, complémentaire de celui de la sécurité sociale (caisse maladie), dont bénéficie le personnel relevant de la présente convention, est constitué :

1. Par l'adhésion de l'entreprise à une institution ou un organisme d'assurance gérant le régime minimal d'assurance décès institué au profit des cadres par la convention collective nationale du 14 mars 1947 (cotisation minimale 1,50 % sur salaire limité au plafond sécurité sociale).

2. Par extension éventuelle de l'assurance visée au paragraphe 1 : l'extension pouvant viser l'assiette des cotisations, le niveau ou le type de garanties (décès, invalidité, rente éducation, etc.) et/ou d'autres catégories de personnel.

3. Par adhésion éventuelle de l'entreprise à une institution ou à un organisme d'assurance :

a) Couvrant en tout ou partie les prestations garanties par l'employeur en application des articles 24 et 25 ; les règlements de l'assurance se substituant aux (ou s'imputant sur les) dites prestations ;

b) Assurant éventuellement au personnel une couverture supplémentaire en matière de remboursements médicaux et pharmaceutiques.

Sauf sur les cotisations dues au titre des garanties prévues aux paragraphes 1 et 3 *a* (limitées à la couverture des prestations définies par la présente convention) qui sont à la charge de l'employeur, les primes d'assurance dues sont réparties entre employeur et salarié selon accord d'entreprise ou à défaut par accord de la moitié au moins du personnel appartenant à la catégorie concernée par le contrat d'adhésion.

Le règlement du régime de prévoyance-groupe adopté par l'entreprise constitue l'annexe n° 6/E à l'accord d'entreprise.

Article 27

Retraites complémentaires

Le régime de retraite complémentaire de celui de la sécurité sociale (caisse vieillesse), dont bénéficie le personnel relevant de la présente convention, est constitué :

1. Par l'adhésion obligatoire de l'entreprise :

a) A une institution du régime ARRCO dans les conditions prévues par l'accord national du 8 décembre 1961 et ses avenants ; accord actualisé par l'avenant 48 du 18 juin 1998, portant affiliation de l'ensemble du personnel non cadre (pour la totalité du salaire dans la limite de 3 fois le plafond sécurité sociale), et du personnel cadre pour le salaire perçu dans la limite du plafond sécurité sociale (tranche A).

Le taux contractuel obligatoire de cotisation ARRCO sur les salaires ci-dessus définis est à 6 % à la date de mise à jour de la présente convention collective.

Depuis le 1er janvier 1993, il n'existe plus qu'un taux unique. Toutefois, jusqu'au 31 décembre 1992, il était possible de cotiser à hauteur du taux contractuel maximal de 8 % (sauf adhésion de l'entreprise à un taux supérieur admis par l'institution avant le 1er janvier 1988). Les salariés qui ont bénéficié de telles dispositions dérogatoires conservent cet avantage.

La cotisation appelée (taux contractuel majoré du taux d'appel ARRCO 125 %) est répartie entre l'employeur (60 %) et le salarié (40 %) ;

b) A une institution du régime AGIRC dans les conditions prévues par la convention collective nationale des cadres du 14 mars 1947 et ses avenants, portant affiliation des cadres pour la partie du salaire comprise entre le plafond sécurité sociale et 8 fois ce plafond (tranches B et C).

Sans préjudice de l'application des dispositions prévues par l'accord AGIRC du 8 décembre 1988 instituant une garantie minimale de points, le taux contractuel des cotisations AGIRC est fixé à la date de la mise à jour de la présente convention à 16 %.

Compte tenu du taux d'appel de 125 %, le taux effectif est de 20 % à la date de la mise à jour de la présente convention collective, la cotisation appelée se répartit à hauteur de 12,5 % à la charge de l'employeur et de 7,5 % à la charge du salarié.

Sauf application des dispositions convenues entre l'entreprise et sa caisse de retraite (1) pour assurer la continuité de l'adhésion éventuelle de l'entreprise (antérieurement à 1973) à l'article 36 de la convention collective nationale des cadres au profit des salariés classés aux niveaux 4 à 6, sont exclusivement et obligatoirement affiliés à l'institution gérant le régime AGIRC, tous les salariés classés aux niveaux 7 à 10 (coefficients hiérarchiques 380 à 600) et les cadres supérieurs hors classification.

2. Par l'adhésion facultative de l'entreprise à une ou plusieurs institutions de retraite supplémentaire fonctionnant en capitalisation au bénéfice d'une ou plusieurs catégories de personnel définies au contrat d'adhésion.

Le règlement de retraite de l'entreprise qui fixe les conditions d'adhésion des différentes catégories de personnel aux organismes de retraite supplémentaire susvisés constitue l'annexe n° 7/E à l'accord d'entreprise.

Toutes modifications des conditions d'adhésion de l'entreprise ou d'affiliation d'une catégorie de personnel à un organisme de retraite autres que celles fixées par le présent article et le règlement du régime ou de l'institution (taux d'appel des cotisations par exemple) impliquent consultation du personnel, le nouveau régime n'entrant en vigueur qu'après adoption par la moitié au moins du personnel appartenant à la catégorie concernée (par application des dispositions du code de la sécurité sociale).

---

(1) Lors de la mise en œuvre de l'accord du 11 décembre 1987 portant révision de la classification des emplois et de l'échelle indiciaire.

Article 28

Service national

Les périodes d'activité au titre d'un engagement à servir dans la réserve opérationnelle ou à la suite d'un appel ou d'un rappel des personnes soumises à l'obligation de disponibilité sont considérées comme des périodes de travail effectif pour les avantages légaux et conventionnels en matière d'ancienneté, d'avancement, de congés payés et de droits aux prestations sociales.

Les jeunes hommes nés après 31 décembre 1978 et les jeunes femmes nées après le 31 décembre 1982 sont astreints, depuis le 1er octobre 1998, à un appel de préparation à la défense nationale d'une durée de 1 journée. Tout salarié ou apprenti âgé de 16 à 25 ans bénéficie, dans le but exclusif d'y participer, d'une autorisation d'absence exceptionnelle de 1 jour. Cette absence n'entraîne pas de réduction de rémunération et est assimilée à une période de travail effectif pour la détermination du congé annuel.

Chapitre VI

Cessation du contrat de travail

Article 29

Résiliation du contrat de travail suspendu

Si, au cours de la période de suspension du contrat de travail prévue à l'article 23, l'entreprise est amenée à envisager la rupture définitive du contrat, l'employeur doit respecter la procédure prévue aux articles 30 et 31. Le salarié peut sur sa demande être dispensé d'effectuer son préavis, mais reçoit l'indemnité de licenciement prévue à l'article 33.

Le salarié qui bénéficie d'un congé sans solde régi par l'article 23 de la convention est tenu de respecter les délais de prévenance de reprise ou de non-reprise du travail prévus dans chaque cas particulier par la réglementation ou la convention.

Au cours du délai de prévenance non respecté, ou à l'expiration du congé sans solde, si le salarié n'a pas repris son travail, l'employeur doit convoquer l'intéressé à l'entretien préalable dans les conditions prévues par l'article L. 122-14 du code du travail, avant de décider la rupture de son contrat de travail sans préavis ni indemnité, sauf attribution de l'indemnité de licenciement limitée à 6 mois de salaire brut mensuel contractuel défini à l'article 37.4, lorsque la suspension du contrat de travail était justifiée par la maladie et sous réserve d'application plus favorable au salarié de l'indemnité légale de licenciement.

Exception faite de l'absence pour accident du travail ou maladie professionnelle, période faisant l'objet de dispositions législatives particulières, l'absence pour maladie pourra constituer, au terme de la garantie conventionnelle d'emploi prévue à l'article 24.3 ci-dessus, une cause de licenciement notamment, lorsqu'elle perturbe la bonne marche de l'entreprise et impose un remplacement définitif.

Article 30

Fin du contrat

30.1. Le contrat de travail à durée indéterminée, hors le cas de départ en retraite régi par l'article 34, cesse par démission ou licenciement.

La démission doit être formulée par écrit. Elle n'a pas à être motivée.

La décision de l'employeur de rompre le contrat de travail à durée indéterminée doit être fondée sur un motif légitime. Elle est notifiée à l'intéressé en respectant la procédure (convocation à entretien préalable, assistance du salarié, délais à respecter, énonciation des motifs...) fixée par les dispositions légales et réglementaires et variant selon la nature du licenciement (motif personnel, économique) et le nombre de salariés concernés.

30.2. Le contrat de travail à durée déterminée cesse de plein droit à l'échéance du terme, automatiquement et sans formalités. Toutefois, le contrat de travail à durée déterminée pourra être rompu avant l'échéance du terme prévu dans les cas suivants :

– accord des parties ;
– faute grave ;
– force majeure (sous réserve de l'appréciation souveraine des tribunaux) ;
– le salarié justifie d'une embauche pour une durée indéterminée. Dans cette dernière hypothèse, le salarié ayant conclu un contrat à durée indéterminée est alors tenu de respecter une période de préavis dont la durée est de 1 jour par semaine compte tenu de la durée totale du contrat renouvellement inclus, en cas de contrat à terme précis ; ou de 1 jour par semaine compte tenu de la durée effectuée en cas de contrat sans terme précis ; et, dans les deux cas, dans une limite de 2 semaines.

Dans l'hypothèse d'une rupture du contrat à durée déterminée avant l'échéance en raison d'un sinistre relevant d'un cas de force majeure, le salarié a droit à une indemnité compensatrice équivalente aux salaires qu'il aurait perçus jusqu'au terme du contrat.

Dans tous les cas prévus par la loi et en conformité avec l'article 122-3-4 du code du travail, le salarié reçoit une indemnité de précarité à l'issue du contrat à durée déterminée.

Article 31

Licenciement collectif pour cause économique

Les parties contractantes entendent se référer expressément aux dispositions de la loi et des accords nationaux interprofessionnels sur les licenciements collectifs pour cause économique d'ordre conjoncturel ou structurel pour tout ce qui concerne notamment :

- l'information et la consultation du comité d'entreprise ou, à défaut, des délégués du personnel ;
- la saisine de la Commission nationale paritaire de l'emploi ;
- la définition et la mise en œuvre d'un plan de sauvegarde pour l'emploi, visant notamment les actions et propositions de pré-PARE, les mesures sociales envisagées, les priorités de réembauchage ;
- le respect des procédures, et l'information des autorités administratives.

Lors d'un licenciement économique collectif, l'employeur définit, après consultation du comité d'entreprise ou, à défaut, des délégués du personnel, les critères retenus pour fixer l'ordre des licenciements. Ces critères prennent notamment en compte, par catégorie, les qualités professionnelles, les charges de famille (les cas de parents isolés), l'ancienneté de service dans l'établissement ou l'entreprise, la situation des salariés qui présentent des caractéristiques sociales rendant leur réinsertion difficile, en particulier les personnes handicapées et les salariés âgés.

Article 32

Préavis (contrat à durée indéterminée)

A l'expiration de la période d'essai, la démission et le licenciement (sauf en cas de faute grave ou lourde) donnent lieu à un préavis d'une durée de :

Jusqu'à moins de 1 an d'ancienneté :

- 1 mois pour les employés, ouvriers, agents de maîtrise ;
- 1 mois pour les titulaires de la carte professionnelle visée à l'article L. 751-13 du code du travail, quel que soit le statut ou le collège ;
- 3 mois pour les cadres.

De 1 à moins de 2 ans d'ancienneté :

- 1 mois pour les employés et ouvriers ;
- 2 mois pour les agents de maîtrise ;
- 2 mois pour les titulaires de la carte professionnelle visée à l'article L. 751-13 du code du travail, quel que soit le statut ou le collège ;
- 3 mois pour les cadres.

A compter de 2 ans d'ancienneté :

- 2 mois pour les employés, ouvriers et agents de maîtrise ;
- 3 mois pour les titulaires de la carte professionnelle visée à l'article L. 751-13 du code du travail, quel que soit le statut ou le collège ;
- 3 mois pour les cadres.

L'employeur ou le salarié qui n'observe pas les délais ainsi fixés doit à l'autre une indemnité correspondant à la durée du préavis restant à courir. Toutefois, le salarié licencié qui vient à trouver un nouveau poste en cours de préavis peut quitter son emploi sans avoir à payer l'indemnité, à condition d'avertir son employeur 48 heures à l'avance, s'il est employé, 1 semaine dans les autres cas.

Le salarié en période de préavis a le droit de s'absenter 2 heures par jour pour rechercher un emploi, sans réduction de salaire. Les heures d'absence sont fixées d'un commun accord entre l'employeur et le salarié ou, à défaut, alternativement. L'employeur peut autoriser par écrit le salarié à cumuler ses heures pour recherche d'emploi en fin de période de préavis si les nécessités du service le permettent.

Article 33

Indemnités de licenciement

Après 2 ans de présence, les salariés licenciés par application de la procédure prévue aux articles 30 (sauf pour faute grave ou lourde) et 31 de la convention reçoivent une indemnité de licenciement calculée sur la base de 1/4 du salaire global brut mensuel contractuel défini à l'article 37.4 acquis à la date de cessation du contrat de travail et par année *pro rata temporis*.

Toutefois, si l'entreprise se trouve dans l'obligation de procéder à des licenciements collectifs par suite de difficultés économiques caractérisées, l'indemnité de congédiement est calculée conformément aux dispositions précédentes sans pouvoir excéder 6 mois de ce dernier salaire mensuel brut contractuel.

L'indemnité de licenciement ne peut en aucun cas être inférieure :

- à celle qui résulterait de l'application de l'article 5 de l'accord annexé à la loi n° 78-49 du 18 janvier 1978 ;
- à celle qui résulterait de l'application de la loi de modernisation sociale n° 2002-73 du 17 janvier 2002 prévoyant le doublement de l'indemnité légale de licenciement économique ;
- et pour les titulaires de la carte professionnelle VRP visée à l'article L. 751-13 du code du travail à celle résultant de l'application de l'article L. 751-7 du même code.

Article 34

Départ en retraite

Le départ en retraite du personnel peut intervenir :

- à l'initiative du salarié lorsqu'il est en droit de bénéficier d'une pension de vieillesse ;
- à l'initiative de l'employeur, à partir de 65 ans, soit à un âge inférieur mais au moins égal à 60 ans lorsque la présente convention collective bénéficiera d'un accord collectif de branche étendu sur ce point.

Le salarié doit communiquer à l'employeur qui le lui demande les éléments d'information relatifs à sa situation au regard de son droit à pension.

En cas de départ à son initiative, le salarié doit respecter le préavis prévu à l'article 32 en cas de démission, et il perçoit une indemnité de départ en retraite fixée comme suit sur la base du salaire global brut mensuel défini à l'article 37.4, acquis à la date de cessation du contrat de travail :

- 1/2 mois après 5 ans de service ;
- 1 mois après 10 ans ;
- 1 mois 1/2 après 15 ans ;
- 2 mois après 20 ans ;
- 2 mois 1/2 après 25 ans ;
- 3 mois après 30 ans.

En cas de départ à l'initiative de l'employeur, celui-ci est tenu d'avoir avec le salarié un entretien préalablement à la notification de mise à la retraite, et de respecter le préavis prévu à l'article 32 en cas de licenciement. Le salarié perçoit une indemnité de départ en retraite fixée comme suit sur la base du salaire global brut mensuel contractuel susvisé :

- 0,11 mois par année de services dans l'entreprise si le salarié a effectué 10 ans de services ou moins ;
- 0,15 mois par année de services dans l'entreprise si le salarié a effectué plus de 10 ans et moins de 21 ans de services ;
- 0,16 mois par année de service dans l'entreprise si le salarié a effectué plus de 20 ans de services et moins de 35 ans ;
- 0,17 mois par année de services dans l'entreprise si le salarié a effectué 35 ans de services ou plus.

Lorsque l'entreprise applique plus de 13 mensualités, ces dispositions sont adaptées pour que l'indemnité soit au moins égale à celle dont bénéficierait le salarié si le traitement annuel était servi sur 13 mois.

Chapitre VII

Classification des postes de travail et des qualifications professionnelles. – Rémunération. – Intéressement

Article 35

Classification des postes de travail et des qualifications professionnelles

Une annexe à la présente convention fixe la nomenclature des emplois dans les professions visées à l'article 1er.

Tous les salariés classés à l'un des 10 niveaux de la convention collective doivent recevoir la qualification de l'emploi occupé à titre principal et permanent et le coefficient hiérarchique correspondant. Il est entendu que l'exercice des fonctions définies dans la qualification contractuelle de chaque salarié implique, dans l'esprit d'équipe qui doit animer les collaborateurs de l'entreprise, la réalisation occasionnelle de tâches périphériques ou accessoires relevant éventuellement de fonctions différentes.

A la demande d'au moins 2 des organisations signataires, et au moins une fois tous les 5 ans, conformément à l'article L. 132-12 du code du travail, les parties se réunissent pour examiner la nécessité de réviser ces classifications.

Article 36

Echelonnement de carrière. – Points personnels. – Ancienneté

Les coefficients hiérarchiques affectés aux employés et agents de maîtrise sont des coefficients minima qui doivent, pour tenir compte de l'expérience acquise dans l'entreprise, être majorés d'au moins 4 points tous les 3 ans – au 1er janvier suivant la date anniversaire – sans que le coefficient hiérarchique ainsi majoré puisse atteindre le coefficient du niveau supérieur.

Les points personnels ainsi acquis :

- s'entendent à un niveau donné et sont donc supprimés en cas de promotion (classement au niveau supérieur), le traitement global contractuel étant bien entendu maintenu ou augmenté ;
- sont, s'il y a lieu, attribués par l'employeur selon des modalités fixées par, accord d'entreprise (rappel fait de l'obligation annuelle de négociation sur les salaires et l'organisation du temps de travail prévu par l'article L. 132-27 du code du travail dans les entreprises dans lesquelles sont représentées une ou plusieurs sections syndicales d'organisations représentatives), et, à défaut d'accord, par décision de la direction après information, s'ils existent, du comité d'entreprise ou, à défaut, des délégués du personnel.

Article 37 (1)

Valeur du point

Salaire mensuel minimal (complément de salaire contractuel)

37.1. La valeur du point est fixée et révisée par avenants successifs à la présente convention. A cet effet, les parties se réunissent chaque fois qu'au moins 2 des organisations signataires ou adhérentes en font la demande et dans le mois qui suit la réception de cette demande. En tout état de cause, une réunion doit se tenir au moins chaque année sur présentation par la partie patronale du rapport prévu par l'article L. 132-12 du code du travail.

La valeur du point peut également être majorée par application d'un pourcentage provisoire défini au plan régional ou au niveau de l'entreprise, anticipant une révision de la valeur du point susvisée ou (et), de l'horaire légal de travail, lorsque les parties auront convenu de maintenir en tout ou partie le salaire antérieur. Le pourcentage en vigueur doit être mentionné sur le bulletin de paie.

37.2. Salaire conventionnel : le salaire minimal pour chacun des emplois définis dans l'annexe « Classification des emplois » est fonction des 3 éléments suivants :

- de la valeur du point en vigueur ;
- du coefficient hiérarchique (C) ;
- et de l'horaire contractuel (H).

Le salaire conventionnel ainsi déterminé peut constituer en tout ou partie (selon dispositions à fixer au contrat de travail) acompte sur la commission acquise par application d'un barème convenu entre les parties. A titre exceptionnel et de façon provisoire, l'employeur peut verser des avances sur commissions mensuelles supérieures à la rémunération minimum mensuelle conventionnelle et revenir à celle-ci en cas de résultats inférieurs à l'avance ainsi consentie.

37.3. Complément de salaire contractuel : outre (ou au lieu de) l'application d'une valeur de point majorée comme prévu au paragraphe 1 ci-dessus, ou de points personnels excédant les taux minima attribués à l'ancienneté fixés à l'article 36, l'entreprise peut allouer un salaire complémentaire selon les modalités générales définies à l'article 36, 2e alinéa, 2e tiret. Le salaire complémentaire peut être constitué par une commission acquise par application d'un barème annexé au contrat de travail, ou constituer acompte dans les mêmes conditions que le salaire conventionnel.

Le salaire complémentaire ne bénéficie pas de droit des révisions générales conventionnelles et anticipe sur toute augmentation du salaire conventionnel résultant d'un aménagement des conditions de rémunération fixées par la convention collective. Toutefois, il ne peut être réduit à l'occasion de l'augmentation de la valeur du point, sauf si cette réduction est prévue dans l'accord de révision.

---

(1) Article étendu sous réserve de l'application des dispositions du 1er alinéa de l'article L. 144-2 du code du travail *(arrêté du 13 avril 2005, art. 1er)*.

37.4. L'addition du salaire conventionnel (§ 2 incluant l'ancienneté) et du salaire complémentaire (§ 3) constitue le salaire global brut contractuel.

Toutefois, pour l'application des dispositions prévues aux articles 24.2, 25, 33, 34 et 39, le salaire global brut mensuel contractuel des salariés dont les commissions constituent un élément contractuel de rémunération dans les conditions visées aux 37.2 et 37.3 ci-dessus est réputé égal au 1/13 de la rémunération contractuelle perçue pendant les 12 mois précédant l'ouverture du droit aux indemnités prévues par ces articles.

En outre, pendant une période d'absence pour maladie, accident ou maternité, les parties peuvent convenir au contrat de travail des salariés dont les commissions constituent un élément contractuel de rémunération :

- soit le maintien du seul salaire global brut mensuel contractuel tel qu'explicité à l'article 37.4 de la CCN de l'immobilier et dans les limites prévues aux articles 24 et 25 de la CCN de l'immobilier ;
- soit que seule la rémunération minimum conventionnelle est maintenue dans les mêmes limites prévues aux articles 24 et 25 de la CCN de l'immobilier avec le règlement des seules commissions échues.

Article 38

Gratification (13e mois)

Les salariés à temps complet ou partiel reçoivent en fin d'année un supplément de salaire, dit 13e mois, égal à 1 mois de salaire global brut mensuel contractuel tel que défini à l'article 37.4. Il est acquis au prorata du temps de présence dans l'année et réglé sur la base du salaire de décembre.

Les périodes pendant lesquelles les salariés bénéficient du maintien de leur salaire à 90 % ou à 100 %, en application des articles 21, 22, 24 ou 25 de la convention collective, sont considérées comme temps de présence.

Les salariés quittant l'entreprise en cours d'année reçoivent cette gratification décomptée *pro rata temporis* sur la base de leur dernier salaire mensuel.

Toutefois, pour les salariés dont la rémunération est en tout ou partie établie sur la base d'un barème de commission convenu entre les parties, le contrat de travail doit fixer les modalités de règlement des commissions, de telle façon que le salarié soit assuré de percevoir dans l'année civile 13 fois le salaire conventionnel qui lui est acquis lorsque le 13e mois est inclus dans la rémunération, ce calcul étant « proraté » selon le nombre de mois de présence pendant l'exercice considéré en cas d'entrée ou de sortie en cours d'année ou de suspension du contrat de travail.

Article 39

Prime anniversaire

A la date anniversaire des 25 et 30 ans de services dans l'entreprise, les salariés reçoivent une gratification égale au salaire global brut mensuel contractuel défini à l'article 37.4 acquis à cette date. L'attribution de cette prime n'est pas obligatoirement liée à la remise de la médaille d'honneur du travail offerte par l'entreprise après décision préfectorale, les services accomplis dans un nombre illimité d'entreprises pouvant être retenus par l'autorité préfectorale, pour justifier des 20, 30, 35 et 45 années de service requises (décret du 17 octobre 2000).

Article 40

Epargne salariale

Les conditions de mise en œuvre éventuelle de la participation des salariés aux résultats de l'entreprise, de l'intéressement, des plans d'épargne d'entreprise (PEE pouvant aussi être mis en œuvre unilatéralement par le chef d'entreprise) et de ses variantes, le plan d'épargne groupe (PEG), le plan d'épargne interentreprises (PEI) et le plan partenarial d'épargne salariale volontaire PPESV font l'objet d'une annexe aux accords d'entreprises sous le numéro 7/E.

Article 41

Bulletin de paie

41.1. Tout salarié doit recevoir chaque mois un bulletin de paie établi dans les conditions prévues par l'article R. 143-2 du code du travail dont les paragraphes suivants sont complétés comme suit :

3. L'intitulé de la convention collective : CCN de l'immobilier (brochure *JO* n° 3090).

4. Le nom et l'emploi du salarié, sa date d'ancienneté dans l'entreprise, sa position dans la classification conventionnelle, son coefficient hiérarchique, la valeur du point, et les montants du salaire conventionnel, du salaire complémentaire et du salaire contractuel, définis à l'article 37.

Il est rappelé que les sommes versées par l'entreprise en application des accords d'épargne salariale visés à l'article 40 doivent faire l'objet d'une notification spéciale et ne peuvent figurer sur le bulletin de paie.

5. La période et le nombre d'heures de travail auxquels se rapporte le salaire contractuel dû pour ce temps de travail des salariés entrant dans le champ d'application de l'article 19.1, avec l'indication du mode de calcul lorsque le salaire contractuel (défini au paragraphe 4) n'est pas entièrement dû ; les heures complémentaires

et/ou supplémentaires, avec le détail de la rémunération correspondante (base horaire, le ou les taux appliqués et majorations éventuelles), et, le cas échéant :

- la nature et le volume du forfait auquel se rapporte le salaire des salariés dont la rémunération est déterminée sur la base d'un forfait hebdomadaire ou mensuel en heures, d'un forfait annuel en heures ou en jours ;
- l'indication de la nature de la base de calcul du salaire lorsque, par exception, cette base de calcul n'est pas la durée du travail.

6. Le montant éventuel du complément différentiel de salaire mentionné par l'article 32 de la loi n° 2000-37 du 19 janvier 2000 précitée et l'article 19 ci-dessus de la convention collective nationale de l'immobilier, les gratifications contractuelles fixes (13e mois, sauf lorsqu'il est inclus dans la rémunération dans les conditions prévues par le dernier alinéa de l'article 38 ci-dessus et primes anniversaires) ou aléatoires (résultant par exemple de formules d'intéressement individuelles ou collectives ne relevant pas des dispositions légales visées à l'article 40), les gratifications bénévoles, les primes ou indemnités résultant de conditions particulières de travail, et en général tous éléments accessoires de rémunération soumis aux cotisations doivent faire l'objet d'une ligne distincte, sous la rubrique appropriée, sur le bulletin de paie.

41.2. Le bulletin de paie visé ci-dessus doit être accompagné le cas échéant d'une annexe comportant toutes les informations prévues à l'article D. 212-22.

Fait à Paris, le 22 mars 2004.

(Suivent les signatures.)

AVENANT N° 27 DU 30 MAI 2005
relatif à la mise en œuvre de l'avenant n° 26 du 22 mars 2004

PRÉAMBULE

L'avenant n° 26 du 22 mars 2004 portant actualisation de la convention collective nationale de l'immobilier précise expressément que cet avenant n'entrera en vigueur que « le 1er jour du 3e mois suivant la publication de son arrêté d'extension au *Journal officiel* et ce sous condition expresse qu'il le soit sans réserve ou exclusion du ministère. En cas de réserve(s) ou d'extrait(s) non étendu(s), le présent avenant doit être considéré comme nul et non avenu, le but recherché par les partenaires n'ayant pas été atteint ».

L'arrêté d'extension de l'avenant n° 26 mentionne notamment que les articles 12 alinéa 3 portant sur la médecine du travail et 19.7.2, portant sur l'astreinte, sont exclus de l'extension.

L'avenant n° 26 devrait en principe, de fait et en l'état, être considéré comme nul et non avenu.

Le présent avenant a précisément pour objet de faire échec à l'application de la clause de l'avenant n° 26 susvisée, conduisant à considérer que l'extension sous réserve et/ou la non-extension d'un extrait de l'avenant rendent celui-ci nul et non avenu.

Article 1er

Prenant acte des réserves formulées dans l'arrêté d'extension de l'avenant n° 26, et de la non-extension des articles 12, alinéa 3 et 19.7.2 de ce même avenant, les partenaires sociaux souhaitent néanmoins rendre applicables les dispositions de l'avenant n° 26, fruit d'un long travail de négociation.

En effet, les réserves n'impliquent pas la négociation d'accords collectifs complémentaires et rappellent simplement que ces articles doivent être appliqués sous réserve du respect de la loi.

Concernant l'article 12 alinéa 3 relatif à la médecine du travail, les partenaires sociaux ne souhaitent pas prévoir de dispositions particulières. Il est donc rédigé, conformément à la réglementation en vigueur, comme suit :

. . . .

Par ailleurs, l'article 19.7.2, relatif à l'astreinte, ne présente pas un caractère fondamental et sa non-extension n'est pas considérée par les partenaires sociaux comme remettant en cause l'équilibre de l'avenant n° 26.

En conséquence, les partenaires sociaux décident d'un commun accord, par le présent avenant, que les dispositions de l'avenant n° 26, étendues par l'arrêté d'extension du 13 avril 2005, produiront tous leurs effets et, en ce qui concerne les articles objets de réserves dans l'arrêté d'extension, qu'ils seront interprétés conformément auxdites réserves.

Article 2

L'article 19.7.2 étant exclu de l'extension, ainsi que le reconnaissent les partenaires sociaux, ces derniers considèrent que la convention collective telle qu'actualisée par l'avenant n° 26 ne comprendra pas cet article relatif aux astreintes. Les partenaires sociaux négocieront ultérieurement, et conformément aux observations du ministère, un avenant spécifique à l'astreinte en vue de prévoir les clauses relatives au mode d'organisation des astreintes ainsi que la compensation financière ou en repos auxquelles elles donnent lieu.

Article 3

Le présent avenant rend à l'avenant n° 26 toute son efficacité juridique, l'article 12 alinéa 3 étant modifié comme indiqué à l'article 1er ci-dessus et l'article 19.7.2 étant retiré de l'avenant n° 26, comme prévu à l'article 2 ci-dessus, de même qu'en est retirée la clause aux termes de laquelle : « Les parties signataires conviennent de demander l'extension du présent avenant qui n'entrera en vigueur que le 1er jour du 3e mois suivant la publication de son arrêté d'extension au *Journal officiel* et ce sous condition expresse qu'il le soit sans réserve ou exclusion du ministère. En cas de réserve(s) ou d'extrait(s) non étendu(s), le présent avenant doit être considéré comme nul et non avenu, le but recherché par les partenaires n'ayant pas été atteint. »

Cet extrait sera remplacé par la clause suivante :

. . . .

Article 4

Les parties signataires conviennent de demander l'extension dans les meilleurs délais du présent avenant.

Celui-ci entrera en vigueur dès le 1er jour du mois suivant la publication de son arrêté d'extension au *Journal officiel.*

Fait à Paris, le 30 mai 2005.

Suivent les signatures des organisations ci-après :

Organisations patronales :

CNAB ;
CSAB ;
FNSEM ;
FNAIM ;
FSIF ;
SNRT ;
UNIT.

Syndicats de salariés :

CGC-SNUHAB ;
CFTC-CSFV ;
Fédération des employés et cadres CGT-FO-OSDD.

A. – ANNEXES
À LA CONVENTION COLLECTIVE

ANNEXE I

Classification des postes de travail et des qualifications professionnelles établie par l'article 1er de l'accord du 11 décembre 1987

(Modifiée par avenants n° 3 du 27 octobre 1989 et n° 10 du 19 octobre 1993) (1)

I. – Employés

Niveau I (coefficient 241) (2).

Avec une simple mise au courant n'exigeant pas de formation scolaire (3) ou professionnelle sanctionnée par un diplôme, l'employé exécute des tâches élémentaires ou répétitives.

La responsabilité de l'activité s'exerce directement et uniquement sur la bonne exécution du travail.

La compréhension des consignes dans un vocabulaire usuel demande de l'attention et la capacité de poser les questions utiles au travail considéré.

Poste repère. – Employé de bureau dactylographe. Exécute tous travaux de dactylographie et divers travaux administratifs (classement, enregistrement, courrier, téléphone, chiffrage, travaux de reproduction) requérant une certaine initiative. Emploi, en général, sédentaire et varié. Bonne orthographe et présentation du travail. CAP employé de bureau avec option commerce (avant 1976). CAP employé de bureau (1re session 1977). CFP dactylographe (avec notions de reprographie).

Niveau II (coefficient 255).

D'après les instructions de travail précises et détaillées indiquant les actions à accomplir, les méthodes à utiliser, les moyens disponibles, l'employé au niveau II exécute un travail qualifié constitué par des opérations à enchaîner de façon cohérente en fonction du résultat à atteindre.

---

(1) L'avenant n° 10 prend effet au 1er janvier 1994.

(2) Pour prendre effet au 1er janvier 1994, le coefficient hiérarchique 235 (niveau I) est porté à 241 ; cette majoration se traduira par une réduction à due concurrence des majorations de coefficients hiérarchiques éventuellement consenties dans l'entreprise, et à défaut par réduction du salaire complémentaire.
Bien entendu, dans le cas où le salaire conventionnel nouveau s'avérerait plus élevé que le salaire contractuel acquis antérieurement, c'est le salaire conventionnel qui serait applicable sans attribution de salaire complémentaire.

(3) Correspondant au niveau VI de l'éducation nationale (circulaire du 11 juillet 1967) défini ainsi : personnel occupant des emplois n'exigeant pas une formation au-delà de la scolarité obligatoire.

Il exerce ses fonctions sous le contrôle d'un agent le plus généralement d'un niveau de qualification supérieur. Le contrôle immédiat de l'exécution du travail n'est pas toujours possible, mais les conséquences des erreurs ou des manquements se manifestent rapidement.

L'échange d'informations écrites et orales implique une connaissance des termes techniques de base nécessaire à l'exécution des tâches qui lui sont confiées et permettant une compréhension claire des instructions et un dialogue approprié.

L'emploi exige un niveau de connaissances professionnelles correspondant au niveau V *bis* de l'éducation nationale (1). Ces connaissances peuvent être acquises soit par voie scolaire ou par une formation équivalente, soit par l'expérience professionnelle.

Poste repère. – Aide-comptable. Participe, sous le contrôle du comptable, à tous travaux d'enregistrement, d'imputation, de rapprochement en comptabilité générale ou analytique et de gestion. Emploi sédentaire dans un service comptable ou tout autre service de l'entreprise. Utilise éventuellement des machines mécanographiques ou des procédés informatiques. Ordre, attention, précision et bonne écriture. CAP aide-comptable (avant 1976). CAP d'employé de comptabilité (1re session 1977). CAP mécanographe option opérateur sur machines comptables (avant 1976).

Niveau III (coefficient 270).

D'après des instructions précises s'appliquant au domaine d'action et aux moyens disponibles, l'employé de niveau III exécute des travaux qualifiés comportant des opérations qu'il faut combiner en fonction de l'objectif à atteindre.

Il agit selon un processus standardisé dans lequel il choisit les méthodes d'exécution et la succession des opérations ou selon un processus inhabituel avec l'appui d'un agent de qualification supérieure.

L'emploi exige un niveau de connaissances professionnelles correspondant au niveau V de l'éducation nationale (2).

Ces connaissances peuvent être acquises soit par voie scolaire ou par une formation équivalente, soit par l'expérience professionnelle.

Poste repère. – Secrétaire sténodactylographe. Collabore directement avec un cadre ayant une responsabilité administrative, technique ou commerciale. Outre les fonctions de sténodactylographe

---

(1) Circulaire éducation nationale du 11 juillet 1967. Définition du niveau V *bis* : personnel occupant des emplois supposant une formation spécialisée d'une durée maximale de 1 an au-delà du premier cycle de l'enseignement du second degré, du niveau du certificat de formation professionnelle.

(2) Circulaire éducation nationale du 11 juillet 1967. Définition du niveau V : personnel occupant des emplois exigeant normalement un niveau de formation équivalant à celui d'un brevet d'études professionnelles (BEP) (2 ans de scolarité au-delà du premier cycle de l'enseignement du second degré) et du certificat d'aptitude professionnelle (CAP).

qu'elle assume habituellement, est chargée de la rédaction du courrier sur directives générales, de la constitution de dossiers, de leur mise à jour et de leur classement. Emploi comportant certaines initiatives et responsabilités sous le contrôle d'un chef direct, adaptabilité, jugement, mémoire, ordre, méthode. Niveau bac. CFP secrétaire sténodactylographe. CFP secrétaire bilingue option allemand. CFP secrétaire bilingue option anglais. CFP secrétaire sténodactylographe correspondancier, BP secrétaire. CPP secrétaire dactylographe, aide-comptable. Bac G 1 techniques administratives. Bac F 8 pour médical ou médico-social. BTS secrétariat (emploi de début).

Niveau IV (coefficient 290).

Dans le cadre d'instructions générales, l'employé de niveau IV exécute, conformément aux normes professionnelles, des travaux très qualifiés, constitués d'actions de réalisations complètes.

Il choisit les modes opératoires et les moyens de contrôles appropriés.

L'exécution des tâches qui lui sont demandées nécessite la maîtrise complète de la fonction dans ses aspects tant fonctionnels que relationnels.

L'emploi exige un niveau de connaissances professionnelles correspondant au niveau IV *a* de l'éducation nationale (1) ou la formation prévue au niveau V de l'éducation nationale complétée par des stages ou cours professionnels et une expérience d'au moins 3 années dans le niveau III. Ces connaissances peuvent être acquises soit par voie scolaire ou par une formation équivalente, soit par l'expérience professionnelle.

Poste repère. – Comptable I. Sous la responsabilité du chef de comptabilité ou de l'expert-comptable, traduit en comptabilité toutes les opérations commerciales ou financières, les compose et les ventile pour pouvoir en tirer balance, compte d'exploitation, bilan, prix de revient, prévisions et statistiques. Emploi sédentaire en liaison avec les services de l'entreprise. Doit se tenir au courant de la législation fiscale et des techniques comptables liées entre autres à l'informatique. Rigueur, méthode, ordre, goût du détail et aptitude à travailler en équipe.

Formation de base exigée : CFP comptable entreprise (avec connaissance de la mécanographie et initiation à l'informatique), plus expérience. BP comptable, plus 3 ans d'expérience. Bac G 2, plus expérience. BEC option comptabilité (avant 1968), plus expérience. BSEC option comptabilité (avant 1970), plus expérience. BTS comptabilité et gestion des entreprises, plus 6 mois d'expérience.

---

(1) Circulaire éducation nationale du 11 juillet 1967. Définition du niveau IV *a* : personnel occupant des emplois exigeant normalement une formation du niveau du baccalauréat, du brevet de technicien (BT), du brevet supérieur d'enseignement commercial (BSEC) (3 ans de scolarité au-delà du premier cycle de l'enseignement de second degré).

Définition du niveau V éducation nationale : voir définition du poste niveau III.

II. – Agents de maîtrise

Niveau V (coefficient 315).

L'agent de maîtrise de niveau V se caractérise par les capacités professionnelles et les qualités humaines nécessaires pour assurer ou coordonner la réalisation de travaux d'ensemble ou d'une partie plus ou moins importante d'un ensemble complexe, ainsi que, le cas échéant, la responsabilité de commandement, dans les limites de la délégation qu'il a reçue.

Du fait des moyens techniques utilisés, il peut être amené à des ajustements et adaptations indispensables.

L'emploi exige un niveau de connaissances professionnelles correspondant au diplôme prévu au niveau IV *b* de l'éducation nationale (1) complété par une formation professionnelle adaptée aux exigences de la fonction. Ces connaissances peuvent être acquises soit par voie scolaire, ou par une formation équivalente, soit par l'expérience professionnelle.

Poste repère. – Gestionnaire d'immeubles. Agent qualifié possédant le brevet professionnel de la profession ou des connaissances équivalentes. Assume la responsabilité des tâches afférentes à la gérance ou à la copropriété de groupes d'immeubles, assiste aux assemblées de copropriété, rédige le procès-verbal à soumettre au syndic, peut avoir des heures de travail irrégulières.

Niveau VI (coefficient 335).

D'après des instructions de caractère général sur des méthodes connues ou indiquées, en laissant une certaine initiative sur le choix des moyens à mettre en œuvre et sur la succession des étapes, l'agent de maîtrise de niveau VI accomplit des travaux administratifs ou techniques d'exploitation complexes ou d'étude d'une partie d'ensemble, en application des règles d'une technique connue. Il peut avoir la responsabilité technique du travail réalisé par du personnel de qualification moindre. Il peut également assurer la responsabilité de l'encadrement de personnel exécutant des travaux diversifiés, mais complémentaires. Les responsabilités d'encadrement requièrent des connaissances et une expérience professionnelle au moins équivalentes à celles des personnels encadrés.

La capacité d'expression doit permettre la conduite d'une petite équipe, les relations externes, la justification écrite des décisions.

---

(1) Circulaire éducation nationale du 11 juillet 1967. Définition du niveau IV *b* : personnel occupant un emploi de maîtrise (2 ans de formation au moins et de pratique professionnelle après l'acquisition d'une formation de niveau V).

L'emploi exige un niveau de connaissances professionnelles correspondant au diplôme prévu au niveau III de l'éducation nationale (1). Ces connaissances peuvent être acquises soit par voie scolaire, ou par une formation équivalente, soit par l'expérience professionnelle.

Poste repère. – Vérificateur. Il vérifie et arrête les mémoires et décomptes d'entreprise, des formules de révision des marchés et des dispositions légales ou réglementaires qui leur sont applicables. Il peut être chargé de suivre le degré d'avancement des travaux au regard de la vérification. Il participe, sous le contrôle d'un supérieur hiérarchique, à la rédaction des pièces constituant les dossiers de marchés. Il est responsable des affaires qui lui sont confiées. Collaborateur très qualifié en matière de technologie et de prix de travaux de bâtiment.

III. – **Cadres**

Niveau VII (coefficient 380).

Les cadres de niveau VII sont :

- soit des cadres débutants ne pouvant justifier de plus de 2 années de pratique dans l'emploi où ils doivent mettre en œuvre les connaissances théoriques sanctionnées par un (ou des) diplôme(s) des niveaux II et I de l'éducation nationale ;
- soit des agents justifiant du niveau III (1) de l'éducation nationale, assumant généralement, en position d'adjoint à un chef de service et sous le contrôle de celui-ci, l'organisation, l'activité ainsi que la discipline et le fonctionnement d'un service.

Sont également classés à ce niveau VII des agents n'ayant pas de commandement direct, mais qui, ayant notamment acquis au niveau VI une grande maîtrise de leur domaine d'activité, occupent un poste de haute technicité impliquant une liaison fonctionnelle avec d'autres cadres.

Poste repère. – Gérant de groupe d'immeubles. Intermédiaire entre les locataires ou les propriétaires, les architectes, les entrepreneurs, les fournisseurs, les administrations diverses..., discute les modalités de location, rédige les actes, visite les immeubles et veille à leur entretien, propose les réparations courantes, contrôle les concierges qu'il engage... Collaborateur de l'administrateur de biens ou du chef des services gérance, son activité est le plus souvent sédentaire, à caractère administratif, avec déplacements pour expertises et contacts divers. Sens de l'organisation et goût pour la législation. BP des professions immobilières, option administrateur de biens et

---

(1) Circulaire éducation nationale du 11 juillet 1967. Définition du niveau III : personnel occupant des emplois exigeant normalement une formation du niveau du brevet de technicien supérieur, du diplôme des instituts universitaires de technologie, ou de fin du premier cycle de l'enseignement supérieur (2 ans de scolarité après le baccalauréat).

syndic de copropriété, plus expérience professionnelle. Diplôme de droit. Licence de droit mention droit immobilier ou de sciences économiques. ICH (Institut d'études économiques et juridiques appliquées à la construction et à l'habitation) plus connaissances comptables.

Niveau VIII (coefficient 440).

Le cadre de niveau VIII assume, en général, la responsabilité de l'organisation, de l'activité ainsi que la discipline et, en général, le fonctionnement d'un service. Les cadres n'exerçant pas de commandement peuvent cependant être classés à ce niveau, en raison de leur compétence et de leur responsabilité exercées dans une activité spécialisée ou fonctionnelle.

L'autonomie est limitée par les instructions générales du chef d'entreprise (dans les petits cabinets) ou des chefs de division ou fondés de pouvoirs dans les entreprises plus importantes.

L'emploi exige une formation de niveau II (1) complétée par une formation professionnelle spécifique de la profession attestée par des certificats de stage ou d'aptitude à exercer des fonctions plus importantes que celles parfaitement maîtrisées au niveau VII.

Poste repère. – Chef de service.

Niveau IX (coefficient 510).

Le cadre de niveau IX assume dans un domaine soit technique, soit administratif, soit commercial, soit de la gestion, soit dans plusieurs d'entre eux, des responsabilités exigeant une large autonomie de jugement et d'initiative dans le cadre de ses attributions.

Chef de division ayant autorité sur un service important ou sur plusieurs services à coordonner, il maîtrise les techniques de relations humaines et d'organisation du travail à un haut niveau. Sans commandement direct, le classement à ce niveau exige une très haute spécialisation (conseil ou audit) exercée dans les structures fonctionnelles d'entreprises importantes.

L'emploi exige une formation générale et professionnelle de très haut niveau sanctionnée par les diplômes de niveau I éducation nationale (2) ou une expérience professionnelle probante dans des postes similaires ou de niveau VIII avec attestations de stages de formation ouvrant accès à la position supérieure.

---

(1) Circulaire éducation nationale du 11 juillet 1967. Définition du niveau III : personnel occupant des emplois exigeant normalement une formation du niveau du brevet de technicien supérieur, du diplôme des instituts universitaires de technologie, ou de fin du premier cycle de l'enseignement supérieur (2 ans de scolarité après le baccalauréat).

(2) Circulaire éducation nationale du 11 juillet 1967. Définition du niveau I : personnel occupant des emplois exigeant normalement une formation de niveau égal ou supérieur à celui des écoles d'ingénieurs ou de la licence.

Niveau X (coefficient 600).

L'existence de postes du niveau X ne se justifie que par la valeur technique requise par la nature de l'entreprise, par l'importance de l'établissement ou par la nécessité d'une coordination au plus haut niveau entre plusieurs services ou activités.

Ces postes exigent la plus large autonomie de jugement et d'initiative et généralement une délégation directe des pouvoirs et responsabilités du chef d'entreprise. La délégation de signature à elle seule n'entraîne pas la classification à ce poste (rappel étant fait que dans les postes de niveau inférieur le cadre peut disposer, par délégation de l'employeur ou de la hiérarchie, de la signature de certains actes).

Le niveau de formation requis est le même qu'en position IX, mais la maîtrise des connaissances et la capacité de les mettre en œuvre, notamment au plan de la formation des collaborateurs, doit être hautement reconnue.

ADDITIF

relatif aux ouvriers des régies d'entretien, jardins et pépinières, et d'exploitation chauffage des sociétés immobilières

Nomenclature établie par avenant du 7 juin 1984

(Modifiée par accord du 11 décembre 1987, art. 11, et par avenants nº 3 du 27 octobre 1989 et nº 10 du 19 octobre 1993) (1)

	Coefficient
Régie d'entretien	
1. Ouvrier d'entretien. – Ouvrier chargé de travaux élémentaires d'entretien ou aide un ouvrier de qualification supérieure	241 (2)
2. Ouvrier polyvalent d'entretien. – Ouvrier spécialisé dans un corps d'état du bâtiment et apte à des interventions simples dans les autres corps d'état. Est capable notamment d'assurer des révisions ou dépannages élémentaires dans les parties communes ou logements, avec toutes les sujétions et précautions que comportent ces tâches	255
3. Ouvrier qualifié d'entretien (titulaire du CAP de la spécialité). – Ouvrier qualifié, spécialisé dans un corps d'état du bâtiment, pouvant travailler seul dans sa spécialité et ayant la pratique des travaux d'entretien correspondant à ce corps d'état. Est capable notamment d'exécuter les divers travaux accessoires audit corps d'état. Doit pouvoir exécuter, dans les parties communes ou les logements même occupés, tous travaux de sa spécialité avec les sujétions et les précautions que comportent ces tâches	255

(1) L'avenant nº 10 prend effet le 1er janvier 1994.

(2) Pour prendre effet au 1er mai 1990, le coefficient hiérarchique 235 (niveau I) est porté à 241 ; cette majoration se traduira par une réduction à due concurrence des majorations de coefficients hiérarchiques éventuellement consenties dans l'entreprise, et à défaut par réduction du salaire complémentaire, pour prendre effet au 1er janvier 1994 le coefficient hiérarchique de niveau 1 est porté de 240 à 241.

Coefficient

—

4. Ouvrier polyvalent qualifié d'entretien (titulaire du CAP d'une spécialité). – Ouvrier qualifié, pouvant travailler seul, spécialisé dans un corps d'état du bâtiment, et apte à des interventions simples dans les autres corps d'état.

   Doit notamment être capable d'exécuter des travaux dans les parties communes ou les logements même occupés avec toutes les sujétions et précautions que comportent ces tâches.

   Placé sous l'autorité du régisseur ou du gérant et de l'inspecteur d'entretien, doit leur apporter son assistance technique ainsi que sa collaboration dans leurs relations avec les locataires ou les entreprises, tout en faisant preuve d'initiative dans l'organisation de son travail.

   Doit pouvoir tenir un magasin d'outillage et de pièces de rechange (comptabilité matières, tenue du stock, prévisions de commandes) et rédiger des comptes rendus d'interventions ou d'accidents 270

5. Ouvrier polyvalent principal d'entretien (titulaire du BP). – Ouvrier hautement qualifié, spécialisé dans un corps d'état du bâtiment et apte à des interventions dans les autres corps d'état.

   Doit notamment être capable d'exécuter, avec le soin et les précautions qu'ils nécessitent, des travaux dans des appartements occupés, y compris toutes sujétions que comportent ces travaux.

   Doit pouvoir tenir un magasin d'outillage et de pièces de rechange (comptabilité matières, tenue du stock, prévisions de commandes) et rédiger des comptes rendus d'interventions ou d'accidents.

   Chargé de l'entretien d'un ensemble immobilier particulièrement important ou délicat, ou d'un groupe d'ensembles immobiliers, il peut être assisté d'un ou plusieurs ouvriers polyvalents. Doit pouvoir seconder le régisseur, le gérant ou l'inspecteur d'entretien dans ses relations avec les locataires et les entreprises 290

Régie jardins, squares et pépinières

6. Jardinier. – Jardinier chargé d'effectuer des travaux d'entretien simples 255

7. Jardinier qualifié (titulaire du CAP). – Jardinier qualifié exécutant seul et correctement les travaux de la spécialité, en pépinières, soit sur les programmes immobiliers 255

	Coefficient
8. Chef d'équipe jardinier (titulaire d'un BP). – Jardinier hautement qualifié exécutant tous les travaux de la spécialité, en pépinières ou sur les programmes immobiliers, et dirigeant une équipe de jardiniers ...	290

L'accord d'entreprise peut fixer, par analogie aux dispositions en vigueur dans la région et des branches connexes (entreprises paysagistes notamment), une modulation saisonnière de l'horaire de travail, dans le respect des dispositions fixées par l'article de la convention.

Régie d'exploitation chauffage

9. Ouvrier du chauffage. – Assure la propreté des locaux techniques et des matériels thermiques (chaufferies, sous-stations, générateurs, échangeurs, divers, etc.). Ramonage, nettoyage, peinture, calorifugeage, etc. En cas de besoin, aide les autres agents ...	255
10. Ouvrier spécialisé du chauffage (monteur en chauffage central, soudeur-tuyauteur). – Ouvrier possédant une pratique suffisante du métier, exécutant seul et correctement les travaux courants de la profession ...	270
11. Ouvrier qualifié du chauffage (mécanicien, électricien, monteur-soudeur [à arc et oxyacétylénique], CAP de la spécialité). – Ouvrier qualifié capable d'exécuter seul et correctement les travaux de dépannage, d'entretien, de réparation et de mise en œuvre de tout matériel constituant les installations thermiques (appareillage mécanique, électromécanique, régulation pneumatique, hydraulique, électrique) ...	290
12. Ouvrier principal de chauffage (titulaire du BP de la spécialité). – Ouvrier hautement qualifié polyvalent, capable d'exécuter seul ou d'organiser l'exécution des travaux de dépannage, d'entretien, de réparation et de mise en œuvre de tout matériel constituant les installations thermiques (appareillage mécanique, électromécanique, régulation pneumatique, hydraulique, électrique). Sa formation théorique doit lui permettre de s'adapter facilement aux nouvelles techniques de la profession ...	290

Dans les postes 10, 11 et 12, l'ouvrier doit rédiger et transmettre le compte rendu de son travail.

Conduite des installations (chaufferies, sous-stations)

Le personnel de conduite des installations est assujetti à une organisation du travail en continu, impliquant :

a) (1) *Une durée et une répartition de l'horaire hebdomadaire de travail sur 5 ou 6 jours, modulées par roulement. Les heures effectuées au-delà de 39 heures en 1 semaine (dans la limite fixée par accord d'entreprise) doivent être :*

1° Compensées selon les modalités définies par accord d'entreprise ;

2° Majorées de 25 %, l'accord d'entreprise fixant l'horaire mensuel contractuel résultant de la modulation adoptée (convention de forfait visée à l'article 19, dernier alinéa, de la convention) ;

b) (2) Un service d'astreinte de nuit à domicile, assuré par roulement 1 semaine sur 3 en période de chauffage, 1 semaine sur 6 hors période de chauffage, simultanément avec la semaine comportant 6 jours de travail. Les coefficients hiérarchiques fixés ci-après intègrent cette sujétion d'astreinte à domicile, inhérente à la fonction. Les interventions éventuelles pendant l'astreinte sont rémunérées soit en heures supplémentaires majorées de 50 %, soit, si l'accord d'entreprise le prévoit, par une indemnité forfaitaire, faisant l'objet d'une ligne spéciale sur le bulletin de paie ;

c) (3) Un service d'astreinte à domicile les dimanches et jours fériés, organisé par roulement (1 semaine sur 3 en période de chauffage, 1 semaine sur 6 hors période de chauffage). Cette astreinte du dimanche et jours fériés, et les interventions éventuelles, dans la mesure où en moyenne elles n'excèdent pas par astreinte 2 heures, sont compensées par 1 jour de repos.

Il peut être dérogé par accord d'entreprise (ou procès-verbal de désaccord intervenant dans les conditions prévues par l'article L. 132-29 du code du travail) aux modalités de roulement susvisées, rappel fait des dispositions prévues par les deuxième et quatrième alinéas de l'article 19 de la convention (4).

Le maintien à domicile, convenu lors de la conclusion du contrat de travail (ou proche de celui-ci et information préalable de l'employeur), et l'utilisation de la voiture personnelle pour les besoins du service constituent une clause substantielle du contrat de travail des chefs de chaufferie et des chefs des installations thermiques dont la définition d'emploi est donnée ci-après.

---

(1) Point exclu de l'extension *(arrêté du 24 février 1989, art. 1er)*.

(2) Point étendu sous réserve de l'application des articles L. 212-2, alinéa 2, et L. 212-7, alinéa 2, du code du travail *(arrêté du 24 février 1989, art. 1er)*.

(3) Point étendu sous réserve de l'application des articles L. 221-2 et L. 221-4 du code du travail *(arrêté du 24 février 1989, art. 1er)*.

(4) Alinéa exclu de l'extension *(arrêté du 24 février 1989, art. 1er)*.

Coefficients

13. Chef de chaufferie (titulaire du CAP). – Ouvrier qualifié ayant la charge et la responsabilité de la conduite, du fonctionnement et de la sécurité d'une ou plusieurs installations de production (chaufferies, sous-stations) de distribution et d'émission de chaleur. Dirige les agents qui peuvent être amenés à le seconder :

Position A	270
Position B	290

La position A ou B est attribuée en fonction de la complexité de l'installation et de l'appréciation par la direction des qualités professionnelles de l'ouvrier.

14. Chef des installations thermiques. – Ouvrier hautement qualifié ayant les mêmes attributions que les chefs de chaufferie A et B et ayant en charge généralement des installations puissantes, complexes.

Ce personnel doit avoir de sérieuses connaissances en mécanique, électricité, en régulation tous systèmes, en théorie et en matériel de combustion, et pouvoir s'adapter à toute nouvelle technologie introduite dans les installations susvisées :

Position A	290
Position B	310
Position C	315

La position A, B ou C est attribuée en fonction du niveau de formation : A (BP), B (BT), C (BTS) d'électromécanicien, de la complexité de l'installation et de l'appréciation par la direction des qualités professionnelles démontrées dans l'exercice de la fonction.

Les chefs de chaufferie et les chefs des installations thermiques doivent effectuer tout relevé, toute mesure et donner toute information utile à la gestion technique des installations, et rédiger et transmettre leurs rapports d'intervention.

ANNEXE II

Salaires. – Valeur du point (1)

(1) Voir « Salaires » à la fin de la brochure.

B. – ANNEXES
AUX ACCORDS D'ENTREPRISES

ANNEXES PROPRES À L'ENTREPRISE

Outre les dérogations ou adjonctions apportées dans l'entreprise aux annexes susvisées, dans les conditions prévues par l'article 3 de la convention – et notamment l'accord salarial annuel (ou le procès-verbal de désaccord) établi dans l'entreprise en application des articles L. 132-27 à 29 du code du travail, fixant éventuellement une valeur de point dérogatoire (art. 37-1) et/ou les modalités de révision du salaire complémentaire (art. 37-2) et qui constitue l'annexe n° 2/E – les annexes propres à l'entreprise sont référencées comme suit :

N° 5/E. – Règlement de retraite (art. 27/E) ;

N° 6/E. – Règlement de l'assurance groupe de prévoyance (art. 26/E) ;

N° 7/E. – Convention de participation - contrat d'intéressement plan d'épargne - fonds salariaux (art. 40/E) ;

N° 8/E. – Formation (art. 18/E) ;

N° 9/E. – Droit à l'expression des salariés (art. 7-1/E).

FORMATION PROFESSIONNELLE

ACCORD NATIONAL PROFESSIONNEL DU 27 NOVEMBRE 1996 (1) (2)
portant constitution de la commission paritaire nationale de l'emploi et de la formation professionnelle

Préambule

Le 28 octobre 1992, les organisations syndicales d'employeurs et de salariés du secteur immobilier (code APE 70) décidaient – en référence à l'accord national interprofessionnel du 3 juillet 1991 relatif à la formation et au perfectionnement professionnels, complété par l'avenant du 8 janvier 1992 sur l'apprentissage – de créer la commission paritaire de l'emploi et de la formation professionnelle de l'immobilier, et prenaient l'engagement de définir les conditions optimales de mise en œuvre de la formation professionnelle continue au moyen de structures appropriées.

Cet accord a été étendu par arrêté ministériel du 9 février 1994 et complété par différents avenants, organisant notamment la collecte et l'emploi des contributions formation dues par les employeurs, l'ensemble du dispositif conventionnel ainsi adopté (comportant le choix d'AGEFOS-PME comme OPCA) arrivant à expiration le 31 décembre 1996.

Les organisations susvisées s'accordent pour estimer que la CEFI peut et doit être l'organe fédérateur des compétences et moyens développés dans le secteur immobilier en matière d'emploi et de formation professionnels. Son mode de fonctionnement au cours des trois années écoulées, ses réalisations (notamment par sa participation à la création du BTS de l'immobilier) ayant valeur d'exemple pour la mise en œuvre de toutes les dispositions visant la valorisation et le renforcement des qualifications et des compétences du personnel, atouts pour l'entreprise, pour le développement et l'emploi, et pour l'évolution de carrière des salariés.

Elles décident dès lors de renouveler dans les conditions fixées ci-après – portant refonte de l'ensemble des dispositions conventionnelles adoptées successivement – l'accord national professionnel du 28 octobre 1992, en inscrivant ce renouvellement dans la perspective d'une « formation tout au long de la vie » annoncée par le rapport de Virville, et dans l'ensemble des mesures dont la mise en

---

(1) Accord dénoncé par la fédération des promoteurs-constructeurs (lettre du 3 juin 2005).

(2) Adhésions : UNAL (31 décembre 1993) ; UNIT et Fédération des services CFDT (31 décembre 1993) ; FNPC (31 décembre 1993).

œuvre est nécessaire pour donner au secteur immobilier la place qu'il mérite dans l'activité économique et qu'il peut prendre eu égard à la diversité et à la valeur des services y existant, à développer et à initier.

CHAPITRE Ier

COMMISSION PARITAIRE NATIONALE DE L'EMPLOI ET DE LA FORMATION PROFESSIONNELLE DE L'IMMOBILIER (CEFI)

Article 1er

Champ d'application et mission générale

La commission paritaire nationale de l'emploi et de la formation professionnelle (CPNEFP) de l'immobilier créée le 28 octobre 1992 exerce, dans le champ d'application des conventions collectives nationales de l'immobilier (brochure n° 3090) et de la promotion construction (brochure n° 3248), les attributions dévolues par les accords nationaux interprofessionnels du 10 février 1969 et du 3 juillet 1991 complétés par avenants des 8 novembre 1991, 8 janvier 1992, 5 juillet 1994.

Elle fonctionne sous le sigle CEFI, au 48, rue de Rome, 75008 Paris.

Article 2

Composition

La CEFI est composée de 10 membres pour chacun des collèges *des organisations signataires du présent accord* (1) – soit un total de 20 membres, chacune des organisations ayant au moins 1 représentant.

Chacun des collèges définit la répartition de ses 10 membres entre les organisations concernées, cette répartition étant modifiée lors de la première réunion constatant retrait ou adhésion d'une organisation représentative au plan national d'une profession entrant dans le champ d'application défini à l'article 1er.

Article 3

Réunions

La CEFI est présidée alternativement – par année civile – par un représentant du collège « syndicats des salariés » et par un représentant du collège « syndicats des organisations patronales ».

La CEFI est réunie à l'initiative du président, avec l'accord du vice-président représentant la partie n'assumant pas la présidence.

---

(1) Termes exclus de l'extension *(arrêté du 21 février 1997, art. 1er)*.

Article 4

Secrétariat et financement du paritarisme

Le bureau paritaire de la CEFI est constitué du président et du vice-président (élus comme indiqué à l'article 3) et de 2 secrétaires, l'un élu par le collège « employeurs », l'autre par le collège « salariés », pour la durée de l'année civile.

Le présent article sera complété – dans les conditions prévues par l'article 11, 1er alinéa – dès qu'auront été fixées les modalités de mise en œuvre par AGEFOS-PME du décret n° 96-703 du 7 août 1996 et des accords interprofessionnels organisant l'application dudit décret, sur la rémunération des missions accomplies par les organisations patronales et syndicales en vue d'assurer la gestion paritaire de la formation professionnelle.

En attente de ces dispositions, le secrétariat technique de la CEFI reste assuré par le COPI, comme celui de la commission mixte des professions immobilières (cf. art. 11, 2e alinéa, ci-après).

Article 5

Programme d'action

Dans le cadre défini à l'article 1er, la CEFI élabore et met en œuvre par étapes un programme d'actions visant à atteindre les objectifs définis en préambule.

Ses travaux s'organisent au sein de 4 groupes de travail, paritaires et permanents :

I. – Financement de la formation

Suivi de la réglementation, analyse des flux et circuits de financement, réflexion sur l'organisation de la collecte et de l'emploi des contributions formation, contrôle de l'organisme collecteur et appréciation des services rendus, propositions d'élargissement éventuel de la collecte et de critères de financement des actions de formation, etc.

II. – Evaluation de la formation

Mise à jour permanente d'un répertoire des organismes de formation et de leurs programmes, analyse critique des formations et de leur adaptation aux besoins de la profession, développement du partenariat entreprises/écoles, reconnaissance des titres et diplômes dans les niveaux de classification conventionnelle des emplois, liaison avec les services ministériels pour le développement et l'homologation de titres et diplômes adaptés, initiation de formations diplômantes, validation des acquis professionnels, etc.

III. – Recensement des métiers

Mise à jour permanente d'un répertoire des métiers en coordination avec tous organismes pratiquant ce recensement (ANPE/répertoire Rome, Centre d'études et de recherches sur les qualifications

[CERQ] etc.), étude de l'évolution des métiers et des qualifications dans une perspective de développement quantitatif et qualitatif de l'offre de service (évaluation des besoins), actualisation des postes repères dans les niveaux de classification conventionnelle des emplois et des filières professionnelles entre ces niveaux, etc.

IV. – Communication

Mise en œuvre d'une politique de communication externe en concertation avec l'ensemble des organismes permettant de faire connaître auprès du grand public la politique d'emploi et de formation de la CEFI : participation aux manifestations publiques (salons, conférences, tables rondes, etc.) liées directement ou indirectement à l'immobilier et à la formation, information des personnes par la diffusion de différentes publications (revues générales et/ou spécialisées) relatives aux carrières de l'immobilier, politique de communication audiovisuelle (édition de vidéogrammes de présentation des activités immobilières) en particulier dans le cadre d'émissions spécialisées sur l'emploi, les métiers et la formation.

Le président et le vice-président de la CEFI sont habilités à conclure ensemble avec tous organismes *ad hoc* et les pouvoirs publics – dans le cadre du budget et après approbation en réunion plénière – toute convention d'assistance ou d'association aux travaux susvisés ; la CEFI ayant vocation générale à regrouper toutes les compétences et moyens dont disposent toutes les parties intéressées au développement de l'emploi et de la formation professionnelle dans le secteur immobilier.

Article 6

Rapport d'activité
Propositions d'aménagement de l'accord du 28 octobre 1992

Lors de sa première réunion annuelle, la CEFI examine le rapport d'activité présenté par le président sortant, et le programme d'actions proposé par le nouveau président.

A tout moment, la CEFI peut demander la réunion de la commission mixte des professions immobilières pour compléter le présent accord et officialiser les dispositions qui pourraient être prises notamment en matière :
– de capital de temps de formation ;
– d'épargne-temps formation ;
– d'alternance sous contrat de travail ;
– d'apprentissage ;
– d'insertion des jeunes ;
– de promotion sociale.

CHAPITRE II
ORGANISATION DE LA COLLECTE ET DE L'EMPLOI DES CONTRIBUTIONS FORMATION

Article 7
OPCA de branche

AGEFOS-PME est habilité – en tant qu'OPCA – à recouvrer jusqu'au 28 février 1998 les contributions formation (assises sur les salaires payés jusqu'en 1997) dues par les employeurs du secteur immobilier.

Employant moins de 10 salariés :

– depuis le 1er janvier 1993 :

a) La totalité de la contribution minimale de 0, 15 % instituée par l'article L. 952-1, 1er alinéa, du code du travail ;

– depuis le 1er janvier 1995 :

b) La totalité de la contribution minimale de 0,10 % (formation en alternance) due en application de l'article 30 de la loi nº 84-1208 du 29 décembre 1984 modifié par la loi DMOS nº 93-121 du 27 janvier 1993.

Il est conféré à AGEFOS-PME un droit de suite pour procéder au recouvrement des sommes versées indûment par les employeurs de moins de 10 salariés auprès de tout autre OPCA.

Employant 10 salariés et plus :

– depuis le 1er janvier 1995 :

c) La partie de la contribution formation de 0,90 % non utilisée après emplois (dépenses exonératoires prévues au dernier alinéa – paragraphes 1 à 6 de l'article L. 951-1 du code du travail) avant le 1er mars de l'année suivant celle au titre de laquelle elle est due ;

d) La partie de la contribution formation due au titre de l'alternance (0,40 % pour les entreprises assujetties à la taxe d'apprentissage, ou 0,30 % pour celles non assujetties à cette taxe) non utilisée, après emplois (dépenses exonératoires visées à l'article 30-II de la loi nº 84-1208 du 29 décembre 1984 modifiée par la loi DMOS nº 93-121 du 27 janvier 1993, et aux articles L. 981-1 et suivants du code du travail), avant le 1er mars de l'année suivant celle au titre de laquelle elle est due.

Article 8
Elargissement éventuel de la collecte

Les parties s'engagent à poursuivre leur réflexion sur les conditions dans lesquelles la collecte, au sein d'AGEFOS-PME, des éléments de la participation des employeurs au financement de la formation et de l'apprentissage autres que les contributions visées à l'article 7 ci-avant pourrait être envisagée.

Chacune des organisations patronales représentées au sein de la CEFI pourra examiner les conditions dans lesquelles – compte tenu des engagements pris en la matière par elle-même et/ou ses adhérents – elle peut recommander (avec force obligatoire ou à titre facultatif) le versement en tout ou partie à AGEFOS-PME des autres contributions au financement de la formation et de l'apprentissage.

Article 9 (1)

Section professionnelle paritaire (SPP)

Jusqu'au 31 décembre 1998 – en référence à l'article 7 fixant au 28 février 1998 l'expiration du mandat de collecte, AGEFOS-PME assurera l'emploi et la gestion des cotisations collectées à travers le fonds commun professionnel (Fonds commun de l'immobilier) dans les conditions prévues par la législation et la réglementation en vigueur.

Le président et le vice-président de la CEFI sont habilités à conclure avec AGEFOS-PME le protocole portant création d'une section professionnelle paritaire (SPP) de l'immobilier fonctionnant au sein d'AGEFOS-PME, ce protocole ayant été approuvé en réunion de la commission mixte des professions immobilières ce 27 novembre 1996. Tous avenants à ce protocole devront être approuvés et conclus dans les mêmes conditions.

Le président et le vice-président de la SPP sont membres de droit de la commission nationale interbranches d'AGEFOS-PME.

CHAPITRE III

DURÉE. – RENOUVELLEMENT. – DIFFUSION. – EXTENSION

Article 10

Durée de l'accord

L'accord du 28 octobre 1992 ainsi mis à jour est prorogé pour les exercices 1997 et 1998.

Rappel fait des dispositions prévues aux articles 7 et 9 ci-avant sur la durée des mandats de recouvrement et d'emploi des contributions formation confiés à AGEFOS-PME, cet organisme devra être avisé avant le 1er décembre 1997 de la décision prise de proroger ces mandats ou non.

Article 11

Révision. – Renouvellement

Le présent accord conclu en réunion de la commission mixte des professions immobilières ayant compétence à négociation des textes conventionnels en matière d'emploi et de formation professionnelle

(1) Article étendu sous réserve de l'application des articles L. 952-2 et R. 964-1-4 du code de travail *(arrêté du 21 février 1997, art. 1er)*.

(regroupant toutes les organisations syndicales patronales et salariales représentatives de ces professions, même non signataires) et peut être révisé ou renouvelé que par avenant négocié au sein de cette instance réunie à la demande d'au moins 2 organisations adressée au secrétariat de la commission.

Ce secrétariat est assuré par l'union des organisations patronales signataires du présent accord, constituée sous le sigle COPI (comité des organisations patronales des professions immobilières pour le développement de l'emploi et de la formation professionnelle dans la branche) et siégeant au 48, rue de Rome, 75008 Paris.

La demande de révision de l'accord collectif et la proposition de texte qui doit l'accompagner doivent être adressées au secrétariat de la commission mixte des professions immobilières, 3 mois avant la réunion de ladite commission.

La convocation de cette commission doit être adressée à toutes les organisations représentatives 1 mois avant la réunion et être accompagnée du texte de la ou des nouvelles propositions.

La démission d'une organisation professionnelle d'employeurs ou d'une organisation représentative des salariés n'entraîne pas la dissolution de la CEFI. Elle est adressée par lettre recommandée, avec demande d'avis de réception, au secrétariat 3 mois avant l'expiration du présent accord, de l'accord qui lui succédera ou de chacune des périodes de reconduction.

La dénonciation de toutes les organisations représentatives de l'un des collèges, employeurs ou salariés, ne garantissant plus le paritarisme de la CEFI entraîne *de facto* sa dissolution.

Article 12

Diffusion. – Extension

Le présent accord constitue annexe à la convention collective nationale de l'immobilier (brochure n° 3090), en référence à son article 18, et à la convention collective nationale de la promotion-construction (brochure n° 3428) en référence à son article 31.

Les parties signataires conviennent de demander l'extension dans les meilleurs délais du présent accord.

Fait à Paris, le 27 novembre 1996.

Suivent les signatures des organisations ci-après :

Organisations patronales :

FNPC ;

FNAIM ;

FSIF ;

CNAB ;

SNPI ;

UNIT.

Syndicats de salariés :

FECTAM CFTC ;

SNUHAB CGC ;

Fédération des services CFDT ;

CGT-FO.

PROTOCOLE DU 28 OCTOBRE 1992

portant constitution du comité des organisations patronales des professions immobilières pour le développement de la formation professionnelle dans la branche (COPI)

(Complété et modifié par avenant nº 1 du 17 juin 1993, non étendu)

Les organisations patronales signataires, soucieuses d'assurer pleinement les responsabilités qui leur incombent en matière de développement de la formation professionnelle dans le secteur immobilier, ont décidé de créer un comité ayant vocation à regrouper les moyens nécessaires pour assurer le secrétariat de la commission emploi-formation professionnelle de l'immobilier (CEFI) créée ce 28 octobre 1992 également (cf. art. 5 de l'accord portant constitution de la CEFI).

Ce comité fonctionne dans les conditions fixées par les articles L. 411-21, 22 et 23 régissant les unions de syndicats.

Il prend la dénomination « COPI » (comité des organisations patronales des professions immobilières pour le développement de la formation professionnelle dans la branche), en référence à l'article L. 413-1 du code du travail.

Sont nommés administrateurs provisoires, chargés d'élaborer les statuts du COPI :

- M. Lordonnois, représentant de la FNPC ;
- M. Minard, représentant de la CNAB ;
- M. Fournol, représentant de la FNAIM ;
- M. Mantelet, représentant le SNPI ;
- M. Mersch, représentant le SSIF/GSII (1) ;
- *Mme Zannettacci, représentant l'UNIT.*

M. Mantelet est désigné comme président provisoire du COPI, habilité notamment à ouvrir un compte bancaire qui sera :

1. Crédité d'une somme de 20 000 F à verser par chacune des 5 *(6)* organisations susvisées, représentant en principe leur participation au budget annuel ;

2. Débité des dépenses engagées pour exécuter le programme d'action établi en exécution de l'article 2 de l'accord du 28 octobre 1992 susvisé.

L'assemblée générale du COPI, constituée de 3 membres de chaque organisation signataire, se réunira le 17 décembre 1992 pour adopter les statuts définitifs du COPI, son budget pour une période à déterminer et constituer sa direction définitive.

---

(1) Organismes regroupés le 1er janvier 1994 sous le nom FSIF (fédération des sociétés immobilières et foncières).

Fait à Paris, le 28 octobre 1992.

Suivent les signatures des organisations ci-après :

FNPC ;

FSIF (1) ;

CNAB ;

SNPI ;

FNAIM ;

GSII (1) ;

UNIT.

(1) Organismes regroupés le 1er janvier 1994 sous le nom FSIF (fédération des sociétés immobilières et foncières).

AVENANT N° 1 DU 23 SEPTEMBRE 1998

à l'accord national professionnel du 27 novembre 1996 instituant le dispositif du capital de temps de formation dans les branches professionnelles de l'immobilier et de la promotion-construction (1)

Considérant la volonté des partenaires sociaux des branches professionnelles de l'immobilier et de la promotion-construction de favoriser l'instauration du capital de temps de formation pour les salariés des entreprises immobilières et de la promotion-construction ;

Considérant l'accord national professionnel relatif à la création d'une commission paritaire nationale de l'emploi et de la formation professionnelle (CPNEFP) de l'immobilier (CEFI) du 28 octobre 1992, renouvelé et mis à jour le 27 novembre 1996 ;

Considérant les dispositions de l'accord national interprofessionnel du 3 juillet 1991 relatif à la formation et au perfectionnement professionnels modifié par les avenants du 8 novembre 1991, du 8 janvier 1992 et du 5 juillet 1994,

les partenaires sociaux considèrent le dispositif du capital de temps de formation comme essentiel et sont convenus, sous réserve de l'accord du groupe national de contrôle de la formation professionnelle, de mettre, si possible, en place et grâce à l'organisme paritaire collecteur agréé – désigné ci-après par le sigle OPCA – une campagne d'information.

Les signataires du présent accord sont convenus des dispositions suivantes :

Article 1er

Champ d'application

Le présent accord s'applique aux employeurs et aux salariés des entreprises et établissements de 10 salariés et plus, cotisant ou non au congé individuel de formation, ayant une activité immobilière classée dans la nomenclature NAF sous le code 70.1, 2, 3.

Article 2

Objet du capital de temps de formation

Le capital de temps de formation est un droit reconnu au salarié qui lui permet, sous certaines conditions, de suivre des actions de formation inscrites au plan de formation de l'entreprise ou de l'établissement.

---

(1) Texte non étendu.

Ces actions visent le perfectionnement et l'élargissement des compétences professionnelles favorisant l'accès à un niveau de qualification supérieure.

Le capital de temps de formation est un dispositif complémentaire des autres modes d'acquisition d'une formation ou d'une qualification professionnelles.

Article 3
Publics prioritaires

Tout salarié des entreprises immobilières peut bénéficier des dispositions du présent accord. Cependant, l'accès au capital de temps de formation est réservé en priorité :

- *aux salariés n'ayant aucune qualification professionnelle notamment reconnue par un titre ou un diplôme de l'enseignement technologique ou professionnel ;*
- *aux salariés à temps partiel et/ou aux salariés à employeurs multiples ;*
- *aux salariés n'ayant pas suivi de formation, dans le cadre du plan de formation ou du congé individuel de formation, au cours des 4 dernières années.*

Article 4
Actions de formation

4.1. Définition

La formation suivie dans le cadre du capital de temps de formation doit être inscrite au plan de formation de l'entreprise.

Sont considérés comme prioritaires, dans le cadre du capital de temps de formation :

- *les actions de formation permettant l'accès à des formations qualifiantes, diplômantes ou reconnues dans les conventions collectives nationales de l'immobilier et de la promotion-construction, notamment, dans le cadre de l'évolution professionnelle, et par la commission paritaire nationale de l'emploi et de la formation professionnelle (CPNEFP) de l'immobilier (CEFI) ;*
- *les actions de formation favorisant l'adaptation des compétences aux évolutions technologiques de la branche professionnelle ;*
- *les actions de formation permettant le perfectionnement et l'élargissement des compétences professionnelles favorisant l'accès à un niveau supérieur de qualification ;*
- *les actions permettant d'acquérir une meilleure connaissance de la vie des entreprises ;*
- *le bilan de compétences.*

4.2. Durée

La durée minimale d'une action de formation suivie dans le cadre du capital de temps de formation est égale à 24 heures.

Si l'action de formation est fractionnée en cycles ou modules cohérents, c'est la durée globale de l'action qui est prise en compte pour l'appréciation de la durée minimale.

L'OPCA s'assure de la conformité des cycles et modules, comme indiqué ci-dessus.

Article 5

Conditions d'ouverture du droit au capital de temps de formation

5.1. Ancienneté et durée de franchise

Pour bénéficier du capital de temps de formation, le salarié doit remplir les conditions suivantes :

- *justifier d'une ancienneté dans la branche professionnelle de 3 ans, dont 12 mois dans l'entreprise dans laquelle le salarié formule sa demande ;*
- *la durée des contrats antérieurs, d'apprentissage ou de qualification, ne doit pas être prise en compte pour le calcul de cette ancienneté ;*
- *un délai de franchise d'un minimum de 6 mois est requis, entre deux actions de formation suivies au titre du capital de temps de formation, dans la même entreprise.*

5.2. Capitalisation des heures

Lors de l'entrée en vigueur du présent accord, tout salarié bénéficie d'un capital de temps de formation constitué d'heures de formation acquises, à raison de 12 heures par année d'ancienneté, dans la branche professionnelle à laquelle appartient son entreprise, dans la limite de 48 heures.

5.3. Information et situation du capital de temps de formation

L'entreprise informe, 1 fois par an, les salariés de leur situation : nombre d'heures capitalisées et éventuellement nombre d'heures de formation suivies au titre du capital de temps de formation.

L'entreprise affiche les lignes prioritaires de son plan de formation, en précisant aux salariés qu'ils ont un droit individuel d'accès aux formations correspondantes, dans le cadre du capital de temps de formation.

L'entreprise fournit également au comité d'entreprise ou d'établissement, à défaut aux délégués du personnel, un bilan annuel du capital de temps de formation.

En cas de rupture du contrat de travail, la situation, au regard du capital de temps de formation acquis dans l'entreprise par le salarié, lui est communiquée par écrit. Les actions de formation – acceptées, programmées, ou en cours de réalisation dans le cadre du capital de temps de formation – sont maintenues de droit dans la nouvelle entreprise d'accueil. L'entreprise sortante informe l'OPCA de la rupture du contrat de travail du salarié concerné.

La prise en charge financière s'effectue dans les conditions fixées par le conseil d'administration de l'OPCA, selon les règles arrêtées par la CPNEFP de l'immobilier (CEFI), au bénéfice de l'entreprise d'accueil.

5.4. Salariés à temps partiel et/ou à employeurs multiples

Les salariés à temps partiel et/ou à employeurs multiples capitalisent des heures au titre du capital de temps de formation, par année d'ancienneté dans les entreprises immobilières ou de la promotion-construction, conformément aux dispositions de l'article 5.2 du présent accord.

Pour les salariés à temps partiel (selon les dispositions législatives et réglementaires en vigueur), le capital de temps de formation se constitue au prorata des heures hebdomadaires effectivement travaillées.

Article 6

Mise en œuvre du capital de temps de formation

6.1. Demande du salarié

Le salarié qui remplit les conditions relatives à l'ancienneté et au délai de franchise effectue sa demande par écrit auprès de son employeur.

L'employeur informe, lors de la consultation sur le plan de formation continue, le comité d'entreprise ou d'établissement, ou à défaut les délégués du personnel, des demandes de capital de temps de formation effectuées par les salariés.

Le salarié à employeurs multiples effectue sa demande auprès de l'un de ses employeurs relevant du champ d'application du présent accord et en priorité auprès de l'employeur principal, c'est-à-dire l'entreprise dans laquelle il a effectué le nombre d'heures le plus important au cours de l'année précédant la demande. Il informe par écrit les autres employeurs de cette demande.

6.2. Réponse de l'employeur

L'employeur répond au salarié par écrit dans un délai de 1 mois, sous réserve de l'acceptation du financement par l'OPCA.

L'employeur peut reporter la demande du salarié si le nombre d'absences simultanées au titre du capital de temps de formation est atteint.

L'acceptation de certaines demandes peut être différée si l'effectif simultanément absent au titre du capital de temps de formation dépasse :
- *un salarié à la fois dans une entreprise de 10 à 25 salariés ;*
- *un salarié à poste équivalent ou à compétence égale, dans une entreprise de plus de 25 salariés.*

L'employeur peut rejeter la demande du salarié si ce dernier ne remplit pas les conditions requises pour bénéficier du capital de temps de formation, si la formation demandée ne s'inscrit pas dans les priorités du plan de formation de l'entreprise ou si l'OPCA refuse la prise en charge financière de l'action de formation. Le comité d'entreprise ou d'établissement, à défaut les délégués du personnel sont informés des raisons du rejet.

L'employeur dépose auprès de l'OPCA la demande de prise en charge financière des dépenses afférentes aux actions de formation envisagées. Après acceptation de la prise en charge du dossier par l'OPCA, l'employeur informe le salarié.

S'agissant des salariés à employeurs multiples, l'acceptation par l'entreprise auprès de laquelle la demande a été effectuée porte acceptation pour les autres entreprises sous réserve de l'accord de prise en charge de l'OPCA. Afin de faciliter le départ en formation de ces salariés, dans le cadre du capital de temps de formation, l'employeur concerné délivre au salarié une attestation mentionnant les dates de l'action de formation destinée aux autres employeurs.

6.3. Décision de l'OPCA

La décision du refus ou de prise en charge financière de l'action de formation, telle que définie à l'article 4 du présent accord, et suivie dans le cadre du capital de temps de formation, est prise par le conseil d'administration de l'OPCA.

Le conseil d'administration de l'OPCA se prononce, conformément aux critères et aux priorités définis par la CPNEFP de l'immobilier (CEFI) et validés en section paritaire professionnelle, en fonction des fonds disponibles.

Les actions présentées par les salariés à temps partiel et/ou à employeurs multiples font l'objet d'un examen particulier afin de favoriser leur accès au capital de temps de formation.

Les demandes suivantes sont à satisfaire en priorité :

- *les demandes émanant des publics prioritaires tels que définis à l'article 3 du présent accord ;*
- *les demandes ayant déjà fait l'objet d'un report par l'entreprise ;*
- *les demandes des salariés n'ayant jamais bénéficié dans l'entreprise d'une action de formation au titre du capital de temps de formation.*

Article 7

Modalités de transfert d'une entreprise à une autre

En cas de démission ou de licenciement, les droits capitalisés au titre du capital de temps de formation demeurent acquis au salarié, sauf si ce dernier interrompt pendant plus de 1 an son activité dans la branche professionnelle de l'immobilier ou de la promotion-construction.

Article 8

Le financement du capital de temps de formation

Les entreprises de 10 salariés et plus sont tenues de verser à l'OPCA la moitié de la contribution de 0,20 % destinée au financement du congé individuel de formation (soit 0,10 % de la masse salariale de l'année de référence).

Cette contribution, affectée au financement du capital de temps de formation, s'impute donc sur l'obligation légale due au titre du congé individuel de formation.

Les modalités de financement sont décidées annuellement par les instances paritaires compétentes et diffusées à l'ensemble des entreprises cotisantes par l'OPCA.

Les partenaires sociaux signataires du présent accord conviennent d'examiner, lors du bilan, défini ci-après à l'article 9.2, le niveau d'utilisation des fonds du capital de temps de formation par les salariés des entreprises entrant dans son champ d'application et de décider des éventuelles modifications à apporter, si nécessaire, aux modalités de financement du capital de temps de formation, telles que définies dans le présent article.

Article 9

Durée. – Bilan. – Révision. – Dénonciation. – Extension

9.1. Durée

Le présent accord est applicable à compter du 1er janvier 1999 sur la base de la masse salariale de l'année 1998. Il est conclu pour une durée indéterminée.

9.2. Bilan

A compter de sa date d'entrée en vigueur, un bilan annuel d'application des dispositions de l'accord intervient dans le cadre de la section paritaire professionnelle, réunissant en son sein les organisations salariales et patronales membres de la CEFI et l'OPCA.

9.3. Révision

Le présent accord peut être révisé par avenant conclu par les partenaires sociaux ou partie d'entre eux conformément aux dispositions légales. La demande de révision peut être effectuée par l'une des parties contractantes. Elle doit être portée à la connaissance des parties contractantes par lettre recommandée avec accusé de réception. Elle doit être accompagnée d'une lettre de notification d'un nouveau projet d'accord sur les points sujets à révision.

Les discussions doivent commencer dans un délai de 3 mois suivant la lettre de notification.

Le présent accord reste en vigueur jusqu'à l'application du nouvel accord signé à la suite de la demande de révision.

Aucune demande de révision ne peut être introduite dans les 12 mois suivant la mise en application de la dernière révision, sauf en cas de modification législative ou réglementaire.

9.4. Dénonciation

Cet accord peut être dénoncé à tout moment par les parties contractantes, dans les conditions fixées à l'article L. 132-8 du code du travail, par lettre recommandée avec accusé de réception et dans le délai de préavis de 3 mois.

9.5. Extension

Les partenaires sociaux signataires demandent l'extension du présent accord, conformément à l'article L. 133-8 du code du travail.

Le présent accord est remis à chacune des organisations membres de la CEFI : CFDT-Fédération des services, CGT, CFTC, CGC-SNUHAB, CGT-FO, FSIF, FNAIM, SNPI, UNIT, CNAB, FNPC.

Fait à Paris, le 23 septembre 1998.

Suivent les signatures des organisations ci-après :

Organisations patronales :

FNAIM ;
FSIF ;
CNAB ;
SNPI ;
UNIT.

Syndicats de salariés :

FECTAM-CFDT ;
SNUHAB-CGC ;
Fédération des services CFDT.

ACCORD DU 22 DÉCEMBRE 1998 (1) (2)

portant renouvellement de la commission paritaire nationale de l'emploi et de la formation professionnelle de l'immobilier (CEFI) créée en 1992 et organisation de la collecte et de l'emploi des contributions formation dans les secteurs de l'immobilier et de la promotion-construction

Préambule

Le 27 novembre 1996, les organisations syndicales d'employeurs et de salariés des secteurs de l'immobilier et de la promotion-construction (code APE 70) avaient décidé de renouveler, pour une durée de 2 ans, l'accord national professionnel signé le 28 octobre 1992, portant création de la commission paritaire nationale de l'emploi et de la formation professionnelle de l'immobilier, désignée communément sous le sigle CEFI.

L'accord national professionnel du 28 octobre 1992 a été étendu par arrêté ministériel en date du 9 février 1994 et complété par différents avenants, organisant en particulier la collecte et l'emploi des contributions formation dues par les employeurs. L'ensemble de ce dispositif conventionnel, ainsi adopté (comportant le choix d'AGEFOS-PME comme organisme paritaire collecteur agréé – OPCA) et arrivant à expiration le 31 décembre 1996, a été renouvelé et actualisé le 27 novembre 1996 pour une période également de 2 ans, soit jusqu'au 31 décembre 1998.

A travers la création et la pérennisation de la CEFI, les partenaires sociaux prennent l'engagement de définir et d'assurer les conditions optimales de mise en œuvre de la formation, initiale et continue, au moyen de structures appropriées.

Les organisations susvisées consacrent à travers la CEFI leur volonté de disposer d'une instance fédératrice et coordonnatrice des compétences et moyens développés dans le secteur immobilier et de la promotion-construction en matière d'emploi et de formation professionnelle.

---

(1) Accord reconduit et modifié par avenant n° 2 du 2 décembre 2002. Les dispositions de cet avenant sont conclues pour une durée de 2 ans à compter de sa signature, soit jusqu'au 31 décembre 2004. Les parties signataires se réuniront à l'expiration d'une période de 2 ans après l'extension, dans le cadre de la CEFI, pour faire le bilan de la mise en œuvre du présent accord à partir des éléments fournis par l'AGEFOS PME. Elles examineront, par ailleurs, tous moyens propres à optimiser le dispositif, ainsi que les modifications qu'elles estimeraient nécessaires de lui apporter.

(2) La fédération promoteurs-constructeurs (FPC) a dénoncé l'accord collectif du 28 octobre 1992 portant constitution de la CEFI et du COPI et donc celui du 22 décembre 1998 le renouvelant (par lettre du 3 juin 2005).

Son mode de fonctionnement, fondé sur les règles du paritarisme, a démontré sur ces 6 années écoulées toute son efficacité. A travers ses réalisations, la CEFI a valeur d'exemple, notamment pour la mise en œuvre de l'ensemble des dispositions visant, d'une part, la valorisation et le renforcement des qualifications et des compétences des personnels, atouts essentiels des entreprises, et, d'autre part, le développement de l'emploi et l'évolution dynamique des carrières des salariés de l'immobilier et de la promotion-construction.

Aussi, les organisations patronales et les syndicats de salariés décident de renouveler, une fois encore, dans les conditions fixées et précisées ci-après, l'accord national professionnel du 28 octobre 1992.

Ce renouvellement s'inscrit à la fois dans la perspective d'une « formation tout au long de la vie » et au regard de la nécessité de donner toute leur place aux « compétences professionnelles » des salariés dans la vie des entreprises de l'immobilier et de la promotion-construction. Cette double exigence doit permettre de donner aux secteurs professionnels concernés la place qu'ils méritent dans l'activité économique nationale.

Chapitre Ier

De la commission paritaire nationale de l'emploi et de la formation professionnelle de l'immobilier (CEFI)

Article 1er

Nature juridique. – Champ d'application. – Mission générale

La CEFI est une commission paritaire nationale de l'emploi et de la formation professionnelle (CPNEFP) au sens de l'article 1er de l'accord national interprofessionnel du 10 février 1969 sur la sécurité de l'emploi, maintenu par l'accord national interprofessionnel du 3 juillet 1991 relatif à la formation et au perfectionnement professionnels, complété par l'avenant du 8 janvier 1992 sur l'apprentissage et par l'avenant du 5 juillet 1994.

La CEFI exerce sa mission générale définie ci-après dans le champ d'application des conventions collectives nationales (CCN) de l'immobilier (brochure *JO* n° 3090) et de la promotion-construction (brochure *JO* n° 3248), conformément aux attributions dévolues par les accords nationaux interprofessionnels du 10 février 1969 et du 3 juillet 1991, complétés par avenants des 8 novembre 1991, 8 janvier 1992 et 5 juillet 1994.

La CEFI est domiciliée 48, rue de Rome, 75008 Paris.

Article 2

Composition

La CEFI est composée de 10 membres, pour chacun des collèges *des organisations signataires du présent accord* (1)– soit un total de 20 membres, chacune des organisations ayant au moins un représentant.

---

(1) Termes exclus de l'extension (*arrêté du 9 décembre 1999, art. 1er*).

Chacun des collèges définit la répartition de ses 10 membres entre les organisations concernées. Cette répartition peut être modifiée lors de la première réunion constatant retrait ou adhésion d'une organisation représentative au plan national d'une profession entrant dans le champ d'application défini à l'article 1er.

La CEFI est présidée alternativement, par année civile, par un représentant du collège « syndicats de salariés » et par un représentant du collège des « organisations patronales ». Le vice-président est désigné parmi le collège n'exerçant pas la présidence de la CEFI.

Le président et le vice-président de la CEFI sont habilités à conclure ensemble avec tout organisme et/ou les pouvoirs publics, dans le cadre du budget et après approbation en « assemblée plénière » (cf. art. 3 ci-après) toute convention permettant la réalisation des objectifs et du programme d'actions de la CEFI.

Article 3

Réunions

La CEFI se réunit à l'initiative de son président, avec l'accord du vice-président et après consultation des disponibilités de ses membres.

Elle se réunit en assemblée plénière au moins 3 fois par an.

Article 4

Le bureau de la CEFI

La CEFI est dotée, pour la durée de l'année civile, d'un bureau composé paritairement du président et du vice-président en exercice (conformément à l'article 2 ci-dessus) et de 2 secrétaires-trésoriers, l'un élu par le collège syndicats de salariés et l'autre par le collège organisations patronales.

Article 5

Secrétariat permanent de la CEFI

La CEFI est dotée d'un secrétaire permanent. Celui-ci exerce ses fonctions sous l'autorité du président et du vice-président de la CEFI. Il assure, notamment, l'élaboration des dossiers techniques nécessaires à la mise en œuvre du programme d'actions de la CEFI (cf. art. 6 ci-après) et la coordination entre les membres de la CEFI pour veiller à la tenue (convocations, procès-verbaux) et au déroulement des réunions de ses différentes composantes structurelles.

Article 6

Programme d'actions

Dans le cadre défini à l'article 1er ci-dessus, la CEFI élabore et met en œuvre, par étapes, un programme d'actions visant à atteindre et réaliser les objectifs précisés dans le préambule du présent accord.

Ses travaux s'effectuent au sein de 4 groupes de travail, paritaires et permanents, missionnés sur les sujets suivants :

I. – Financement de la formation

Le groupe de travail no 1 assure, notamment, le suivi de la réglementation, analyse les flux et les circuits de financement, la réflexion sur l'organisation de la collecte et l'emploi des contributions « formation », le contrôle et l'évaluation de l'organisme collecteur habilité (OPCA).

II. – Evaluation de la formation

Le groupe de travail no 2 assure, notamment, la mise à jour régulière du répertoire des organismes de formation et de leurs programmes pédagogiques. Il exerce également, entre autres, l'analyse critique des formations et de leur adaptation aux besoins de la profession, le développement du partenariat entreprises/écoles, la reconnaissance des titres et diplômes dans les niveaux de classification conventionnelle des emplois, la liaison avec les pouvoirs publics pour le développement et l'homologation des titres et diplômes adaptés, l'initiation de formations diplômantes, la validation des acquis professionnels.

III. – Recensement des métiers

Le groupe de travail no 3 assure la mise à jour permanente d'un répertoire des métiers en coordination avec l'ensemble des organismes pratiquant ce recensement. Il est chargé également, entre autres, de l'étude de l'évolution des métiers et des qualifications dans le cadre du développement de l'offre de service, l'actualisation, s'il y a lieu, des postes repères dans les niveaux de classification conventionnelle des emplois et des filières professionnelles entre ces niveaux.

IV. – Communication

Le groupe de travail no 4 est chargé de la mise en œuvre de la politique de communication externe, sur tout support, en concertation avec l'ensemble des organismes susceptibles de faire connaître auprès du plus grand nombre, par le biais d'opérations médiatiques et de manifestations, la politique de l'emploi et de formation de la CEFI.

Article 7

Financement du paritarisme, cotisations patronales, reversement

Le financement de la CEFI repose sur :

1° *Les contributions des organisations patronales et des syndicats de salariés, reversées par celles-ci au titre des dispositions réglementaires relatives au financement du paritarisme (cf. décret n° 96-703 du 7 août 1996 et accords interprofessionnels organisant l'application dudit décret)* (1) ;

2° Les contributions complémentaires reversées par les organisations patronales.

Article 8

Rapport annuel d'activité

Le président, en fin d'exercice, présente aux membres de la CEFI, réunis en assemblée plénière, un rapport d'activité qui fait le point sur la réalisation des objectifs et des opérations prévues par le programme annuel d'actions.

Article 9

Aménagement du dispositif

A tout moment, la CEFI peut se réunir pour compléter le dispositif du présent accord. Pour les 2 années à venir, la CEFI assurera le suivi des 2 dispositifs mis en place en 1998 :

- le dispositif du capital de temps de formation (avenant n° 1 à l'accord national professionnel du 27 novembre 1996, signé le 23 septembre 1998) ;
- *le dispositif de financement d'actions collectives de formation* (2).

---

(1) Paragraphe exclu de l'extension *(arrêté du 9 décembre 1999, art. 1er)*.

(2) Tiret exclu de l'extension *(arrêté du 9 décembre 1999, art. 1er)*.

Chapitre II

Organisation de la collecte et de l'emploi des contributions formation

Article 10

(Modifié par avenants n° 1 du 24 février 1999, non étendu, et n° 2 du 2 décembre 2002)

Organisme paritaire collecteur agréé (OPCA) de branche

AGEFOS PME est habilité, en tant qu'OPCA, à recouvrer jusqu'au 28 février 2004 les contributions formation (assises sur les salaires payés jusqu'au 31 décembre 2003) dues par les employeurs des secteurs de l'immobilier et de la promotion-construction ;

Il est conféré à l'OPCA de branche un droit de suite pour procéder au recouvrement des sommes indûment versées par les employeurs de 10 salariés auprès de tout autre OPCA :

– employant moins de 10 salariés :

a) Depuis le 1er janvier 1993, la totalité de la contribution minimale de 0,15 % instituée par l'article L. 952-1, alinéa 1er, du code du travail ;

b) Depuis le 1er janvier 1995, la totalité de la contribution minimale de 0,10 % (formation en alternance) due en application de l'article 30 de la loi n° 84-1208 du 29 décembre 1984, modifiée par la loi DMOS n° 93-121 du 27 janvier 1993.

– employant 10 salariés et plus :

a) La partie de la contribution formation de 0,90 % non utilisée après emploi (dépenses exonératoires prévues au dernier alinéa, § 1° à 6°, de l'article L. 951-1 du code du travail) avant le 1er mars de l'année suivant celle au titre de laquelle elle est due ;

b) La partie de la contribution formation due au titre de l'alternance (0,40 % pour les entreprises assujetties à la taxe d'apprentissage ou 0,30 % pour celles non assujetties à cette taxe) non utilisée après emploi (dépenses exonératoires visées à l'article 30-II de la loi n° 84-1208 du 29 décembre 1984, modifiée par la loi DMOS n° 93-121 du 27 janvier 1993, et aux articles L. 981-1 et suivants du code du travail) avant le 1er mars de l'année suivant celle au titre de laquelle elle est due ;

c) La moitié de la contribution de 0,20 % destinée au financement du congé individuel de formation, soit 0,10 % de la masse salariale de l'année de référence (conformément à l'article 8 de l'avenant n° 1 en date du 23 septembre 1998 à l'accord national professionnel du 27 novembre 1996 instituant le dispositif du capital de temps de formation dans la branche de l'immobilier).

Article 11

Elargissement éventuel de la collecte

Les partenaires sociaux s'engagent à poursuivre leur réflexion sur les conditions dans lesquelles la collecte pourrait, au sein de l'OPCA, être étendue et améliorée des éléments de la participation des employeurs au financement de la formation et de l'apprentissage autres que les contributions visées à l'article 10 ci-avant.

Chacune des organisations patronales représentées au sein de la CEFI pourra examiner les conditions dans lesquelles, compte tenu des engagements pris en la matière par elle-même ou par ses adhérents, elle peut recommander (avec force obligatoire ou à titre facultatif) le versement en tout ou partie à l'OPCA des autres contributions au financement de la formation et de l'apprentissage.

Article 12 (1)

(Modifié par avenants nº 23 du 6 mars 2001 et nº 2 du 2 décembre 2002)

Section paritaire professionnelle (SPP)

Jusqu'au 31 décembre 2004, en référence à l'article 10 susvisé, l'OPCA assure l'emploi et la gestion des cotisations collectées à travers le fonds commun professionnel (fonds commun de l'immobilier) dans les conditions prévues par la législation et la réglementation en vigueur (2).

L'OPCA s'engage plus particulièrement durant ces 2 ans à clarifier la situation concernant la collecte et l'utilisation des fonds formation versés par les entreprises de plus de 10 salariés relevant de l'accord national professionnel susvisé, dans le cadre de la mission qui lui est dévolue en temps qu'OPCA de branche, précisée à l'article 10 de ce même accord.

Le président et le vice-président de la CEFI sont habilités à conclure avec l'OPCA le protocole portant création d'une section paritaire professionnelle de l'immobilier fonctionnant au sein de l'OPCA. Ce protocole, ayant été approuvé en réunion de la commission mixte des professions immobilières, le 27 novembre 1996, est reconduit dans les mêmes termes et dans les mêmes conditions (3).

Le président et le vice-président de la SPP sont membres de droit de la commission nationale interbranches de l'OPCA.

---

(1) Article reconduit jusqu'au 31 décembre 2002, sous réserve de l'application des dispositions des articles L. 952-2 et R. 964-1-4 du code du travail et à l'exclusion du secteur des résidences de tourisme, par accord du 6 mars 2001 *(étendu par arrêté du 11 octobre 2001)*.

(2) Alinéa étendu sous réserve de l'application des dispositions :

– de l'article L. 952-2 du code du travail qui prévoient que les sommes versées au titre du plan de formation par les employeurs occupant moins de 10 salariés sont mutualisées dès réception et que leur gestion s'effectue dans le cadre d'une section unique de l'organisme agréé ;

– de l'article R. 964-1-4 du même code qui précisent que l'existence des sections professionnelles ne doit pas faire obstacle à ce que les fonds perçus auprès de l'ensemble des entreprises par l'organisme collecteur paritaire soient mutualisés avant la clôture de l'exercice comptable qui suit les versements et au plus tard avant le 31 décembre de chaque année *(arrêté du 26 mars 2003, art. 1er)*.

(3) Alinéa étendu sous réserve de l'application des articles L. 952-2 et R. 964-1-4 du code du travail *(arrêté du 9 décembre 1999, art. 1er)*.

Chapitre III

Durée, renouvellement, adhésion, diffusion, extension

Article 13

Durée de l'accord

Le présent accord national professionnel est conclu pour une durée indéterminée.

Rappel fait des dispositions prévues aux articles 10 et 11 ci-avant, sur la durée des mandats de recouvrement et d'emploi des contributions « formation » confiés à l'OPCA, cet organisme devra être avisé, 3 mois avant l'expiration de l'accord entre celui-ci et la CEFI, de la décision prise de proroger ou non ces mandats.

Article 14

Révision, renouvellement, adhésion

Le présent accord ne peut être révisé que par avenant, négocié à la demande d'au moins deux organisations, adressée au secrétariat permanent de la commission mixte des professions immobilières (composée des organisations signataires du présent accord et présidée par un représentant du ministère du travail et des affaires sociales).

La demande de révision de l'accord collectif et la proposition de texte qui doit l'accompagner doivent être adressées au secrétariat de la commission, 3 mois avant la date de tenue de la réunion de ladite commission.

La convocation de cette réunion doit être adressée à toutes les organisations concernées 15 jours au moins avant la date de sa tenue et être accompagnée du texte de la ou des nouvelles propositions.

La démission d'une organisation professionnelle d'employeurs ou d'une organisation représentative des salariés n'entraîne pas la dissolution de la CEFI. Elle est adressée par lettre recommandée, avec demande d'avis de réception, au secrétariat permanent de la CEFI, 3 mois, au moins, avant l'expiration du présent accord.

La dénonciation par toutes les organisations représentatives de l'un des collèges, patronal ou salarial, ne garantissant plus le paritarisme de la CEFI, entraîne, *de facto*, sa dissolution.

Toute organisation patronale ou syndicat de salariés signataires soit de la convention collective nationale de l'immobilier, soit de la convention collective nationale de la promotion-construction, peut demander, par lettre de demande d'adhésion adressée avec accusé de réception au président de la CEFI, à intégrer le dispositif de l'emploi et de la formation professionnelle de l'immobilier et de la promotion-construction décrit dans le présent accord.

Article 15

Diffusion, extension

Le présent accord constitue annexe à la convention collective nationale de l'immobilier (brochure *JO* n° 3090), en référence à son article 18, et à la convention collective nationale de la promotion-construction (brochure *JO* n° 3428), en référence à son article 31.

Les parties signataires conviennent de demander l'extension dans les meilleurs délais du présent accord.

Fait à Paris, le 22 décembre 1998.

Suivent les signatures des organisations ci-après :

Organisations patronales :

FNPC ;

FNAIM ;

FSIF ;

CNAB ;

SNPI ;

UNIT.

Syndicats de salariés :

FECTAM-CFTC ;

SNUHAB-CGC ;

Fédération des services CFDT ;

CGT-Force ouvrière.

AVENANT N° 3 DU 15 SEPTEMBRE 2004
portant reconduction de l'OPCA

PRÉAMBULE

Vu l'accord national professionnel du 22 décembre 1998 portant renouvellement de la commission paritaire nationale emploi formation professionnelle de l'immobilier (CEFI), créée en 1992, et organisant la collecte et l'emploi des contributions formation dans les secteurs de l'immobilier et de la promotion construction ;

Vu le renouvellement le 31 mars 2001 et le 2 décembre 2002 du protocole d'accord entre la CEFI et AGEFOS-PME, désignant cet organisme comme organisme paritaire collecteur agréé (OPCA) de branche ;

Les partenaires sociaux décident des dispositions ci-après :

Article 1er

Reconduction de l'organisme paritaire collecteur agréé (OPCA) de branche

Les partenaires sociaux signataires reconduisent l'AGEFOS-PME en tant que collecteur des contributions formation des employeurs du secteur immobilier et de la promotion-construction.

Il est conféré à l'OPCA de branche un droit de suite pour procéder au recouvrement des sommes indûment versées par les employeurs auprès de tout autre OPCA.

AGEFOS-PME assure l'emploi et la gestion des cotisations collectées à travers le fonds commun professionnel (fonds commun de l'immobilier) dans les conditions prévues par la législation et la réglementation en vigueur.

Article 2

Durée de l'accord

Le présent accord est conclu pour une durée de 1 an, à compter du 1er janvier 2005, renouvelable par tacite reconduction.

Les parties signataires se réuniront, tous les ans, dans le cadre de la CEFI, pour faire le bilan de la mise en œuvre du présent accord à partir des éléments fournis par l'AGEFOS-PME. Elles examineront, par ailleurs, tous moyens propres à optimiser le dispositif, ainsi que les modifications qu'elles estimeraient nécessaires de lui apporter.

Article 3

Révision, dénonciation

Le présent accord peut être révisé ou dénoncé par avenant, négocié dans les conditions des dispositions de la loi sur le dialogue social.

La demande de révision ou de dénonciation de l'accord reconduisant AGEFOS-PME et la proposition de texte qui doit l'accompagner doivent être adressées au secrétariat de la CEFI, au plus tard le 30 septembre.

La convocation de cette réunion doit être adressée à toutes les organisations concernées 15 jours au moins avant la date de sa tenue et être accompagnée du texte de la ou des nouvelles propositions.

Article 4

Diffusion-extension

Les parties signataires conviennent de demander l'extension dans les meilleurs délais du présent avenant.

Fait à Paris, le 15 septembre 2004.

Suivent les signatures des organisations ci-après :

Organisations patronales :

CNAB ;
FNAIM ;
FSIF ;
SNPI ;
CSAB ;
FNPC.

Syndicats de salariés :

CFTC-CFSV ;
CGC-SNUHAB ;
Fédération des services CFDT ;
Fédération des employés et cadres FO.

ACCORD DU 17 OCTOBRE 2005 (1)
relatif à la formation professionnelle tout au long de la vie

Préambule

L'accord national interprofessionnel du 3 juillet 1991 relatif à la formation et au perfectionnement professionnel a été à l'origine de la constitution de la commission paritaire nationale de l'emploi et de la formation professionnelle de l'immobilier, désignée ci-après par le sigle CEFI.

La CEFI a été officiellement créée par un accord national professionnel en date du 28 octobre 1992.

Par un additif du 21 décembre 1993 à l'accord constitutif du 28 octobre 1992, la CEFI a désigné l'AGEFOS-PME, non seulement comme organisme collecteur agréé au titre des contributions des entreprises de moins de 10 salariés à la formation professionnelle continue, mais aussi comme organisme chargé de recenser les activités du secteur de l'immobilier. Cet accord national professionnel constitutif de la CEFI a été renouvelé et mis à jour le 27 novembre 1996 le 22 décembre 1998, le 6 mars 2001 et le 2 décembre 2002.

A partir de ce cadre juridique conventionnel renouvelé, un protocole d'accord portant création d'une section professionnelle paritaire de l'immobilier (SPP) a été conclu à la date du 27 novembre 1996 entre la CEFI et l'organisme paritaire collecteur agréé des fonds formation de l'immobilier (AGEFOS-PME).

La CEFI a pour objet d'examiner les objectifs et les priorités des organismes signataires en matière de formation professionnelle, de formuler à cet effet toutes observations et propositions utiles et de suivre l'application des accords conclus en ce domaine.

Les membres de la CEFI ont conscience que la réalisation de ces objectifs correspond à une nécessité de donner un contenu réel à leurs activités, et ce, pour éviter de considérer sa mise en place comme une simple réponse aux exigences du législateur. En effet, il existe une communauté d'intérêts entre tous les membres des organisations adhérentes. Les activités de la CEFI doivent d'ailleurs profiter à l'ensemble du secteur immobilier, qu'il s'agisse des secteurs ne correspondant pas à la définition officielle de la branche, ou d'employeurs et salariés non membres d'organisations signataires.

Depuis sa création, les membres de la CEFI ont toujours été animés par une volonté forte quant à la concrétisation des discussions et des études préparatoires.

---

(1) Texte non étendu.

En conséquence,

– *considérant l'importance que les partenaires sociaux de la branche professionnelle de l'immobilier attachent à la formation professionnelle ;*
– *vu les accords nationaux interprofessionnels des 20 septembre et 5 décembre 2003 ;*
– *vu la loi 2004-391 du 4 mai 2004 relative à la formation professionnelle tout au long de la vie et au dialogue social, publiée au* Journal officiel *du 5 mai 2004 ;*
– *compte tenu des décrets actuellement publiés,*

les parties signataires conviennent ce qui suit :

Article 1er

Champ d'application

Le présent accord vise les entreprises ainsi que leurs salariés entrant dans le champ d'application de la convention collective nationale de l'immobilier (brochure n° 3090).

Article 2

Définition des objectifs, des priorités et des moyens de la formation professionnelle

Il est procédé tous les 3 ans, à compter de la signature du présent accord, à une négociation relative aux objectifs, aux priorités et aux moyens de la formation professionnelle, telle que prévue par la législation en vigueur.

Cette négociation se fonde sur le bilan des actions menées et des résultats obtenus au plan professionnel, dans le domaine de la formation au cours des années précédentes, établi par la CEFI et à partir des données communiquées par AGEFOS PME et les organismes de formation.

Article 3

Du droit individuel à la formation (DIF)

3.1. *La branche professionnelle de l'immobilier porte la durée du DIF à 21 heures par an pour les salariés définis à l'article L. 933-1 du code du travail justifiant d'une ancienneté d'au moins 1 an dans l'entreprise. Pour les salariés à temps partiel, la durée sera calculée* pro rata temporis.

Le cumul des droits ouverts au titre du DIF a une durée égale à 126 heures sur 6 ans ou, pour les salariés à temps partiel, au montant cumulé des heures calculées chaque année conformément aux dispositions de l'article L. 933-1 du code du travail, dans la limite de 126 heures. Les droits acquis annuellement peuvent être cumulés sur 6 ans. Au terme de cette durée et à défaut de son utilisation en tout ou partie, le droit individuel à la formation reste plafonné à 126 heures. Ce plafond s'applique également aux salariés à temps partiel, quel que soit le nombre d'années cumulées, sur la base des droits annuels acquis pro rata temporis.

3.2. *L'acquisition du droit :*

L'appréciation du droit au DIF se fera au 1er janvier de chaque année.

Ainsi, à compter du 1er janvier 2006, tout salarié à temps plein justifiant d'une ancienneté d'au moins 1 an, titulaire d'un contrat de travail à durée indéterminée acquiert un droit au DIF de 21 heures par an.

Les salariés à temps partiel verront leur droit calculé pro rata temporis.

3.3. *Dispositions transitoires :*

- *les salariés qui avaient 1 an d'ancienneté au moins au 7 mai 2005 bénéficient, au 1er janvier 2006, d'un nombre d'heures capitalisées de 34 heures.*
- *le calcul du droit au DIF s'effectuant par année civile, tout salarié CDI embauché en cours d'année N (soit après le 1er janvier de chaque année) acquiert un droit au DIF* pro rata temporis *et pourra faire valoir ses droits au DIF le 1er janvier de l'année N + 2.*

A titre d'exemple, un salarié embauché le 1er février 2005 et présent au 31 décembre 2006 aura acquis 19 heures au titre de l'année 2005 [(21 h/12) × 11] et 21 heures au titre de l'année 2006 qui pourront être prises à partir du 1er janvier 2007.

3.4. *Les actions de formation éligibles au titre du DIF sont les actions de promotion, d'acquisition, d'entretien ou de perfectionnement des connaissances telles que définies dans l'article L. 900-2 du code du travail, ainsi que les actions de qualification prévues à l'article L. 900-3 du code du travail ou encore les actions de développement des compétences.*

La CEFI définira chaque année les thèmes prioritaires. Afin de promouvoir les actions prioritaires, celle-ci peut formuler des propositions au salarié. Ainsi, les modalités particulières d'articulation du DIF avec le plan de formation et la période de professionnalisation pourront être fixées par accord d'entreprise ou avec l'accord formalisé du salarié.

3.5. *Les actions de formation suivies dans le cadre du DIF se déroulent en dehors du temps de travail.*

Toutefois, elles peuvent se dérouler en totalité ou en partie pendant le temps de travail s'il y a accord écrit entre l'employeur et le salarié.

Le choix de l'action de formation relève de l'initiative du salarié en accord avec son employeur. Ce dernier dispose d'un délai de 1 mois pour notifier sa réponse, l'absence de réponse valant acceptation.

Lorsque durant 2 exercices civils consécutifs, le salarié et l'employeur sont en désaccord sur le choix de l'action de formation, l'organisme paritaire agréé au titre du congé individuel de formation (OPACIF) assurera la prise en charge financière de l'action, sous réserve que cette dernière corresponde aux priorités définies par cet organisme.

L'employeur sera tenu de verser à l'OPACIF le montant de l'allocation de formation correspondant au droit acquis et les frais de formation calculés selon les dispositions de l'article L. 933-4 et sur la base forfaitaire applicable aux contrats de professionnalisation.

3.6. *Les heures de formation réalisées pendant le temps de travail donnent lieu au maintien de la rémunération.*

Les heures de formation réalisées en dehors du temps de travail donnent lieu à versement par l'employeur d'une allocation de formation hors charges sociales égale à 50 % de la rémunération nette de référence du salarié formé.

3.7. *Modalités de prise en charge.*

Hors temps de travail :

Les dépenses liées à la formation (allocation de formation, coût pédagogique, frais annexes, transport, repas, etc.) sont réglées à l'entreprise par AGEFOS-PME dans la limite des plafonds de prise en charge définis chaque année par la CEFI.

Dans le temps de travail :

Les dépenses liées à la formation (rémunération, coût pédagogique, frais annexes, transport, repas, etc.) sont remboursées par AGEFOS-PME dans la limite des plafonds de prise en charge définis chaque année par la CEFI.

3.8. *Les entreprises qui dépendent de la branche professionnelle de l'immobilier pourront utiliser le titre spécial de paiement en application des dispositions du décret à venir.*

3.9. *La transférabilité s'effectue conformément à l'article L. 933-6 du code du travail, c'est-à-dire, notamment :*

- *le DIF est transférable en cas de licenciement du salarié sauf faute grave ou lourde ;*
- *en cas de démission, les sommes acquises au titre de l'allocation de formation, non utilisées et calculées sur la base du salaire net perçu par le salarié avant son départ, doivent permettre de financer tout ou partie d'une action de compétences, de validation des acquis de l'expérience ou de formation à condition que cette action ait été engagée par le salarié avant la fin de son préavis ;*
- *en cas de départ en retraite, le DIF n'est pas transférable.*

Article 4

Les contrats et les périodes de professionnalisation

4.1. *Contrats de professionnalisation*

4.1.1. *L'insertion professionnelle des jeunes âgés de moins de 26 ans souhaitant compléter leur formation initiale et des demandeurs d'emploi de 26 ans et plus constitue un enjeu fondamental pour le maintien et le développement des compétences pour les salariés des entreprises du secteur.*

En conséquence, il est convenu que la durée du contrat de professionnalisation est portée à 24 mois maximum pour les publics préparant les certifications suivantes, considérées comme prioritaires :

- *les diplômes et titres homologués spécifiques au secteur de l'immobilier (brevet de technicien supérieur (BTS), bac professionnel...) ;*

– *les certificats de qualification professionnelle (CQP) mis en place par la CEFI (accords du 11 décembre 2002 et du 1er avril 2004) ;*
– *les qualifications professionnelles figurant sur la liste tenue à jour par la CEFI ;*
– *les diplômes et titres non spécifiques conduisant à un métier exercé au sein du secteur et figurant sur la liste tenue à jour par la CEFI.*

Il est convenu, également, que la durée de formation, s'inscrivant dans des actions d'évaluation et d'accompagnement, d'enseignements généraux, professionnels et technologiques, peut être portée à 35 % maximum de la durée du CDD ou de la période de professionnalisation du CDI, pour les certifications prioritaires mentionnées ci-dessus.

4.1.2. *Les titulaires de contrats de professionnalisation perçoivent pendant la durée du contrat à durée déterminée ou de l'action de professionnalisation du contrat à durée indéterminée, une rémunération calculée en fonction de leur âge en application des dispositions de l'article L. 981-5 du code du travail.*

4.2 *Périodes de professionnalisation*

4.2.1. *La période de professionnalisation est ouverte aux salariés visés à l'article L. 982-1 du code du travail. Compte tenu des évolutions technologiques et organisationnelles que connaît la profession, les actions de formation définies comme prioritaires sont :*
– *celles permettant l'acquisition d'une qualification dans un domaine spécifique pour les salariés occupant des fonctions dans un autre secteur d'activité ;*
– *celles permettant d'acquérir de nouvelles qualifications pour les salariés appelés à exercer leur emploi dans un contexte différent ;*
– *celles permettant à un salarié expérimenté d'évoluer vers des fonctions différentes.*

4.2.2. *Les actions de formation éligibles à la période de professionnalisation ont une durée d'au moins 70 heures. Cette durée peut inclure plusieurs modules ou séquences successifs de formation. Elle inclut également toutes les actions permettant d'individualiser le parcours de formation et notamment celles relatives à la validation des acquis de l'expérience.*

4.2.3. *La CEFI est l'organe habilité en matière d'emploi et de formation professionnelle. Elle met en œuvre toutes les dispositions visant la valorisation et le renforcement des qualifications et des compétences des salariés.*

La CEFI recommande aux entreprises d'articuler la période de professionnalisation avec le DIF et le plan de formation.

4.3. *La mission tutorale*

Le développement du tutorat est de nature :

- *à engager dans un acte solidaire l'entreprise, l'apprenant et le tuteur ;*
- *à accroître la qualité et l'efficacité de l'insertion professionnelle dans le cadre de la professionnalisation ;*
- *à professionnaliser le rôle du tutorat en dotant le tuteur d'un statut qualifiant et de compétence pédagogique.*

Définition du tuteur :

Le tuteur (salarié ou employeur) doit justifier d'une expérience professionnelle de 5 ans minimum dans une qualification en rapport avec l'objectif professionnalisant de la formation visée.

Le tuteur devra avoir bénéficié au préalable d'une formation spécifique à sa mission et, s'il est salarié, d'un aménagement de ses obligations professionnelles pour accomplir ses fonctions.

Objectifs du tuteur :

Les objectifs contenus dans la mission sont :

- *accueillir, aider, informer, guider les bénéficiaires de contrats et de périodes de professionnalisation ;*
- *organiser l'activité des apprenants et contribuer à l'acquisition de leurs connaissances professionnelles ;*
- *assurer la liaison avec les organismes de formation ;*
- *participer à l'évaluation du suivi de la formation et sa validation.*

Rémunération :

Les dépenses liées au maintien de la rémunération et aux frais de formation (pédagogie, transport, repas, etc.) sont définies en CPNEF et prises en charge par AGEFOS-PME.

Pour la formation du tuteur, prise en charge à hauteur du plafond réglementaire, soit 15 € l'heure pour un plafond de 40 heures.

Pour l'exercice de la fonction tutorale, prise en charge à hauteur du plafond réglementaire de 230 € par mois.

Article 5

Remplacement d'un salarié en formation

Afin d'assurer le remplacement éventuel d'un salarié en formation dans les entreprises de moins de 50 salariés, une aide financière calculée sur la base du SMIC, pour chaque personne recrutée ou mise à disposition par des entreprises de travail temporaire (I. 322-9 nouveau en remplacement du I. 942-1 abrogé) est accordée par l'état. (Les modalités d'application de ce dispositif sont fixées par décret n° 2004-1094 du 15 octobre 2004.)

Article 6

Validation des acquis de l'expérience (VAE)

Les parties signataires reconnaissent l'importance de développer les actions relatives à la validation des acquis de l'expérience, dans le cadre du DIF ou de la période de professionnalisation.

En conséquence, les parties signataires, rappelant le caractère formateur de toutes les activités professionnelles, tiennent à promouvoir le dispositif de VAE permettant à chaque salarié de faire valider, au cours de sa vie professionnelle, les acquis de son expérience, en vue de l'obtention d'un diplôme, d'un titre à finalité professionnelle ou d'un certificat de qualification professionnelle (CQP) créé en vertu des dispositions de l'accord du 11 décembre 2002, qui font l'objet d'une procédure pour leur inscription au répertoire national des certifications professionnelles.

A cette fin, la CEFI a créé un groupe de travail chargé de développer l'accès au système de validation des acquis de l'expérience.

Article 7

Extension

Les parties signataires conviennent de demander au ministère des affaires sociales, du travail et de la solidarité l'extension du présent accord.

Fait à Paris, le 17 octobre 2005.

Suivent les signatures des organisations ci-après :

Organisations patronales :

CNAB ;

FNAIM ;

FSIF ;

SNPI ;

CSAB.

Syndicats de salariés :

CFTC-CFSV ;

CGC-SNUHAB ;

Fédération des services CFDT ;

Fédération des employés et cadres FO ;

CGT.

AMÉNAGEMENT ET RÉDUCTION DU TEMPS DE TRAVAIL

AVENANT N° 20 DU 29 NOVEMBRE 2000

relatif à l'aménagement et la réduction du temps de travail

Préambule

(Modifié par avenant n° 20 bis *du 6 novembre 2001)*

Les partenaires sociaux observent que, outre l'influence du niveau d'activité, les variations permanentes de celle-ci découlent également des cycles d'activité, des contraintes spécifiques des métiers de l'immobilier et, enfin, des exigences toujours plus importantes des clients dans les domaines de la qualité des prestations réalisées. Autant d'éléments qui conduisent à une adaptation constante de l'organisation interne des entreprises.

Par le présent accord, les partenaires sociaux manifestent leur prise en compte de la demande des entreprises immobilières de pouvoir s'organiser dans un cadre plus large que la semaine afin de répondre, tant sur le plan qualitatif que quantitatif, aux attentes de leurs clients. Parallèlement, il est affirmé ici la volonté de privilégier l'emploi salarié, de lutter contre la précarité de l'emploi et de donner la priorité à l'emploi permanent dans les entreprises.

De nombreuses attentes existent en termes d'organisation et d'aménagement du temps du travail. Elles concernent tant les rythmes de travail et leur impact en terme de conditions de travail (pénibilité) que les innovations qui permettent de prendre en compte les contraintes hors travail (transport, rythmes scolaires, repas, etc.), d'introduire des possibilités de souplesse individuelle et des outils qui permettent une meilleure prévisibilité des temps travaillés et non travaillés.

Ainsi, conformément aux dispositions de la loi n° 98-461 du 13 juin 1998 relative à l'aménagement et à la réduction du temps de travail et de la loi n° 2000-37 du 19 janvier 2000 relative à la réduction négociée du temps de travail, le présent accord prévoit une rationalisation de l'organisation du travail contribuant, à la fois, à l'accroissement des performances et des compétences professionnelles et à une meilleure maîtrise du temps de chaque salarié. Tel est le cas, entre autres, des cadres pour lesquels il convient de mettre en œuvre des mécanismes adaptés, pour que cette catégorie professionnelle bénéficie également d'une réduction effective de la durée du travail.

Le présent accord inscrit la réalisation de l'objectif fixé par l'article L. 212-1 du code du travail, soit 35 heures par semaine en moyenne annuelle, pour un emploi à plein temps, dans le cadre légal et réglementaire relatif à l'annualisation. Par référence à ce principe d'annualisation, le temps de travail sera décompté sur une base annuelle de 1 600 heures maximum, qu'il appartiendra à l'entreprise de définir précisément en fonction des jours fériés et des congés légaux, avec un prorata effectué pour les salariés entrants ou sortants dans la période annuelle ainsi définie.

Cet accord renforce l'adaptation de l'offre de formation, optimise le financement des actions de formation ; il détermine les réseaux d'accès entre les formations et les métiers ; il incite au développement du tutorat des jeunes ; il permet de rechercher de nouveaux axes d'actions pour inciter les jeunes à s'engager dans les carrières de l'immobilier et, enfin, il vise la mobilisation des financements publics et professionnels des actions de formation.

Ces préoccupations s'inscrivent dans le cadre d'un objectif d'intérêt national qui est la lutte contre le chômage, challenge essentiel pour notre société. La volonté d'atteindre cet objectif majeur doit s'accompagner de deux axes d'actions : améliorer le niveau général de l'activité économique et sauvegarder la marge de décision des entreprises en fonction de leurs besoins et responsabilités propres.

Les dispositions légales, ainsi que celles du présent accord, feront l'objet, de la part des organisations professionnelles représentant les employeurs, de larges initiatives de communication et d'information auprès de leurs entreprises adhérentes respectives.

CHAPITRE Ier
AMÉNAGEMENT ET RÉDUCTION DU TEMPS DE TRAVAIL

Article 1er
Champ d'application

La durée hebdomadaire conventionnelle, au sens de l'article L. 212-1 du code du travail, est fixé à 35 heures de travail effectif dans les conditions notamment de calendrier d'application précisées par la loi et selon les modalités convenues ci-après. Lorsque la durée hebdomadaire du travail effectif est supérieure à la durée légale applicable, les heures excédentaires sont des heures supplémentaires qui sont compensées en temps de repos majoré ou qui font l'objet d'une bonification pécuniaire conformément aux dispositions légales.

Au plan territorial, le présent accord est applicable en France métropolitaine, à l'exclusion des départements d'outre-mer.

Au plan professionnel, le présent accord est directement applicable :

- aux relations entre employeurs et salariés visés à l'article 1er de la convention collective nationale de l'immobilier ; à l'exclusion des salariés faisant de la représentation, laquelle s'exerce à l'extérieur de l'entreprise et se caractérise par la prospection de la clientèle et la négociation avec cette dernière en vue de prendre des ordres ou de provoquer des ordres ou des commandes ;
- et aux unités économiques et sociales appliquant la convention collective nationale de l'immobilier précitée.

Le présent accord et les accords d'entreprise ou interentreprises portant sur la durée, l'aménagement du temps de travail et les salaires ne se cumulent pas : seules les dispositions les plus favorables appréciées globalement pour l'ensemble du personnel s'appliquent.

Article 2

Emploi

Les employeurs et les représentants du personnel, s'il en existe, doivent, au sein de chaque entreprise, étudier l'ensemble des possibilités de réorganisation, de réduction et d'aménagement du temps de travail permettant la création de nouveaux emplois ou le maintien des emplois existants.

Les outils d'aménagement et de réduction du temps de travail prévus au présent accord doivent être utilisés en priorité pour favoriser des embauches ou éviter des licenciements.

Article 3

Définition du temps de travail effectif

3.1. Temps de travail effectif

La durée du travail s'entend du temps de travail effectif s'écoulant entre le début et la fin de la journée de travail, quel que soit le lieu où il s'exécute, à l'exclusion de l'arrêt de travail consacré au repas, des temps de pause et, plus généralement, toutes interruptions entre deux séquences de travail qui ne sont pas du travail effectif dès lors que le salarié peut vaquer librement à des occupations personnelles.

Ces interruptions sont mentionnées sur l'horaire collectif affiché.

Sous réserve des dispositions sur le personnel autonome et de celles sur le calcul annuel en jours, la charge annuelle de travail correspondant à la fonction du salarié sera de 1 600 heures pour une durée légale hebdomadaire moyenne de travail effectif de 35 heures, hors congés légaux annuels et hors jours fériés (1).

3.2. Temps de travail effectif et mode de travail du salarié

La durée effective du travail peut être appréciée différemment selon le mode de travail du salarié.

3.2.1. Le salarié autonome.

Est considéré comme autonome, d'une part, le salarié cadre qui dispose d'un degré d'initiative impliquant de sa part la prise de responsabilités effectives, compte tenu de sa formation,

---

(1) Alinéa étendu sous réserve, en ce qui concerne la modulation, du respect du premier alinéa de l'article L. 212-8 du code du travail aux termes duquel le calcul de la durée moyenne annuelle du travail, qui doit tenir compte des congés légaux et des jours fériés prévus par l'article L. 222-1 du code du travail, peut conduire à un volume d'heures de travail inférieur à 1 600 heures (*arrêté du 17 août 2001, art. 1er*).

de ses compétences professionnelles et de ses fonctions d'animation, d'organisation et/ou de supervision, voire de direction, qu'il assume et, d'autre part, tout autre collaborateur non cadre dont le degré d'autonomie, donc de responsabilité, est comparable, en particulier dans la relation avec la clientèle ou dans la gestion d'équipe.

Conformément à l'article L. 212-15-3 du code du travail, la durée du travail des cadres peut être calculée dans le cadre d'une convention individuelle annuelle en jours telle que définie à l'article 9 du présent accord.

3.2.2. Les fonctions sédentaires.

Pour le personnel correspondant, le temps de présence dans l'entreprise, dans le cadre de l'horaire collectif ou sur la base duquel est déterminée la rémunération, fait partie de la durée effective du travail. Il en est de même des heures effectuées audelà de l'horaire habituel lorsqu'elles sont demandées par l'employeur. Sont notamment concernés les salariés occupant des emplois postés et continus (1).

3.2.3. Les fonctions mobiles.

Il s'agit principalement des salariés exerçant des fonctions commerciales, techniques, de développement et, plus généralement, de tout personnel tenu de se déplacer fréquemment dans le cadre de leurs missions.

Leurs missions et les objectifs qui leur sont assignés leur imposent, compte tenu notamment de leur compétence professionnelle, de disposer de la plus grande autonomie dans la conduite de leur travail et l'organisation de leurs horaires.

Dès lors qu'ils sont seuls juges de leurs dépassements individuels d'horaire, ces dépassements ne sont pas pris en compte dans la détermination du temps de travail. Leur rémunération en tient compte.

Peuvent être considérés comme mobiles aussi bien les salariés cadres que les salariés non cadres, notamment les commerciaux, les gestionnaires de copropriété et les inspecteurs d'immeubles.

La durée du travail de ces salariés peut être fixée par convention individuelle de forfait établie sur une base hebdomadaire, mensuelle ou annuelle, qui fait l'objet d'un accord écrit avec le salarié concerné, et cela dans le cadre défini par l'article 8 ci-après.

---

(1) Alinéa étendu sous réserve de l'application des dispositions de l'article L. 212-5 du code du travail, telles qu'interprétées par la jurisprudence de la Cour de cassation, selon lesquelles constituent également des heures supplémentaires celles effectuées avec l'accord implicite de l'employeur (*arrêté du 17 août 2001, art. 1er*).

3.3. Temps de trajet et de déplacement

Les trajets effectués par le salarié pour aller de son domicile à son lieu de travail (bureau, client...) ou en revenir ne sont pas considérés comme du temps de travail effectif.

S'agissant des temps de déplacement à l'intérieur de la journée de travail, ils sont considérés comme du temps de travail effectif pour le personnel sédentaire. Pour le personnel mobile, autonome ou non, il est tenu compte de ces temps de déplacement pour l'appréciation de son activité, sous réserve de dispositions plus favorables internes à l'entreprise en cas de missions exceptionnelles.

3.4. Temps de formation

L'employeur doit assurer l'adaptation du salarié à l'évolution de son emploi. Le temps passé en formation par le salarié sur instruction de son employeur, dans le cadre du plan de formation de l'entreprise, est du temps de travail effectif. Lorsque la formation est suivie à la demande du salarié, notamment dans le cadre du CIF, et n'est pas directement liée à l'activité de l'entreprise ou à l'exercice de ses fonctions et de ses compétences professionnelles, les périodes correspondantes sont exclues du temps de travail effectif.

Des actions de formation, notamment celles sanctionnées par un titre ou un diplôme ayant pour objet le développement des compétences du salarié, en dehors de celles destinées à adapter, entretenir ou actualiser les compétences requises par les activités professionnelles exercées par le salarié, peuvent être réalisées pour partie hors du temps de travail effectif par accord écrit entre l'employeur et le salarié qui définit notamment le nombre de jours et/ou d'heures passé en formation hors du temps de travail effectif, ainsi que, le cas échéant, son imputation sur des jours de repos. Les actions de formation concernées sont celles ayant fait l'objet de l'accord écrit visé ci-dessus. Au regard de la pratique, une limitation du nombre de jours de repos visé par le présent article pourra être précisée par voie d'avenant ou par accord d'entreprise (1).

Article 4

(Modifié par avenant n° 20 bis *du 6 novembre 2001)*

Salaires minima

Les salaires mensuels minima conventionnels pour chacun des emplois définis dans l'annexe Classification des emplois seront déterminés conformément aux dispositions de l'article 37.2 de la

---

(1) Alinéa étendu sous réserve de l'application des troisième et sixième alinéas de l'article L. 932-2 du code du travail (*arrêté du 17 août 2001, art. 1er*).

convention collective nationale de l'immobilier, H pouvant être l'horaire mensuel résultant du présent accord, chaque entreprise pouvant maintenir tout ou partie du salaire antérieur, notamment par le versement d'un complément différentiel (1).

Article 5

(Modifié par avenant n° 20 bis du 6 novembre 2001)

Principes de l'aménagement et de la réduction du temps de travail

5.1. Modalités de la réduction du temps de travail

La réduction du temps de travail effectif peut être réalisée notamment :

- en diminuant l'horaire hebdomadaire de travail ;
- en réduisant le temps de travail par l'octroi de journées ou de demi-journées de repos.

Cette réduction du temps de travail pourra s'effectuer également dans le cadre des dispositions de l'article 6 ci-après du présent accord.

5.2. Réduction du temps de travail sous forme de jours de repos

Une réduction du temps de travail en deçà de 39 heures peut être organisée par l'attribution de jours ou de demi-journées dans l'année.

5.2.1. Période de référence.

Les jours de repos sont pris et répartis sur une période de 12 mois consécutifs (par exemple année civile, période de référence servant à déterminer le droit aux congés payés, année correspondant à l'exercice comptable).

5.2.2. Répartition des jours de repos (2).

Les jours ou demi-journées de repos sont pris pour moitié au choix du salarié et pour moitié au choix de l'employeur selon des modalités définies au sein de l'entreprise.

---

(1) Les termes : « chaque entreprise pouvant maintenir tout ou partie du salaire antérieur, notamment par le versement d'un complément différentiel » sont étendus sous réserve de l'application des dispositions de l'article 32 de la loi n° 2000-37 du 19 janvier 2000, selon lesquelles les salariés bénéficient d'un maintien du niveau de leur rémunération lors de la mise en œuvre de la réduction du temps de travail *(arrêté du 26 juillet 2002, art. 1er)*.

(2) Article étendu sous réserve qu'un accord complémentaire de branche étendu ou d'entreprise fixe, lorsque le délai de prévenance légal est abaissé en deçà de 7 jours, le nouveau délai de prévenance applicable en cas de modification des dates fixées pour la prise des jours de repos, conformément aux dispositions de l'article L. 212-9 (II) du code du travail *(arrêté du 26 juillet 2002, art. 1er)*.

Dans les deux cas, l'information est donnée à l'autre partie 21 jours au moins à l'avance. Les repos sont pris dans un délai maximum de 12 mois suivant leur acquisition. En cas de modification des dates fixées pour la prise des jours de repos, ce changement doit être notifié au salarié dans un délai de 7 jours au moins avant la date à laquelle cette modification doit intervenir, sauf accord individuel différent ou en cas de circonstances exceptionnelles. La prise du repos acquis conformément au présent article n'entraîne pas de réduction de la rémunération.

Toute absence rémunérée ou non, hors congés payés et jours fériés, ayant pour effet d'abaisser la durée effective du travail à 35 heures au plus entraînera une réduction proportionnelle des droits à repos.

La rémunération mensuelle est calculée sur la base de l'horaire moyen pratiqué sur l'année, indépendamment de l'horaire réellement accompli dans la limite de 39 heures par semaine.

Les congés et absences rémunérées de toute nature sont payés sur la base du salaire mensuel lissé.

Pour les congés et absences non rémunérés, chaque heure non effectuée est déduite de la rémunération mensuelle lissée proportionnellement au nombre d'heures constaté par rapport au nombre d'heures réel du mois considéré.

Le contrôle de la durée du travail s'effectuera dans les conditions prévues par les articles D. 212-18 à D. 212-23 du code du travail.

5.2.3. Respect des temps domestiques et physiologiques des personnes.

Les parties reconnaissent que certaines formes d'aménagement du temps de travail, notamment celles nécessitant une adaptabilité des temps de travail aux besoins de la clientèle, risquent d'entraîner des contraintes aux salariés.

En conséquence, il est demandé aux entreprises du secteur d'activité de veiller au respect des temps domestiques et physiologiques des personnes.

5.3. Réduction du temps de travail dans le cadre de cycles d'activité

L'activité des entreprises peut se caractériser par des périodes cycliques, de plus ou moins grande intensité. Ces périodes varient d'une entreprise à l'autre selon leur créneau d'activités, la nature des tâches réalisées et celle des clients. Ces variations cycliques découlent souvent de contraintes extérieures qui ne peuvent pas toujours être anticipées. Ces impératifs sont l'une des spécificités des professions représentées. Ce qui a pour effet d'augmenter sensiblement le temps de travail permettant de faire face à ce surcroît d'activité.

En fonction des besoins de l'entreprise et de l'organisation du temps de travail du salarié, la durée hebdomadaire du travail appliquée dans l'entreprise peut être organisée sous forme de cycle d'activité dès lors que sa répartition à l'intérieur du cycle se répète à l'identique d'un cycle à l'autre.

La durée maximum du cycle de travail ne doit pas dépasser 12 semaines consécutives.

Sous réserve que soit respectée pour chacune des semaines la durée maximale hebdomadaire du travail pouvant être accomplie, le nombre d'heures travaillées par semaine peut varier à l'intérieur d'un cycle d'activité de façon inégale dans la limite de 0 heure pour les semaines basses et de 46 heures pour les semaines hautes.

Seules sont considérées comme des heures supplémentaires les heures qui dépassent la durée légale du travail calculée en moyenne sur le cycle.

5.4. Réduction du temps de travail dans le cadre de la saisonnalité

Le présent accord contribue à l'accroissement de l'efficacité des entreprises à travers la souplesse d'adaptation aux variations d'activités, qu'elles soient saisonnières ou conjoncturelles, afin d'accroître leur réactivité face aux demandes des clients, tout en réduisant les coûts liés à la gestion de ces variations.

Dans ce cadre et afin de tenir compte des besoins, les horaires pourront être modulés pour faire face aux fluctuations saisonnières ou conjoncturelles. La variation de la durée hebdomadaire de travail, sur tout ou partie de l'année, devra respecter sur l'année la durée hebdomadaire moyenne et la limite des durées maximales quotidiennes et hebdomadaires, les périodes de haute activité se compensant sur l'année avec les périodes de basse ou de moyenne activité, le tout dans une variation de 0 à 46 heures.

Article 6

(Complété par avenant n° 20 bis du 6 novembre 2001)

Aménagement du temps de travail sur l'année

La durée hebdomadaire du travail peut varier sur tout ou partie de l'année moyennant une réduction du temps de travail dans les conditions précisées ci-après, l'objectif étant de compenser les hausses et les baisses d'activité en permettant aux entreprises de gérer au cours des périodes choisies les variations de charges auxquelles elles sont confrontées, en respectant les délais de prévenance prévus par la loi.

6.1. Variation des horaires

Le nombre d'heures peut varier d'une semaine à l'autre en fonction de la charge de travail.

La période de variation ne peut être supérieure à 12 mois consécutifs (par exemple année civile, période de référence servant à déterminer le droit aux congés payés, année correspondant à l'exercice comptable).

Les semaines de forte activité se compensent avec les semaines de faible activité.

Si la durée annuelle totale du travail effectif est dépassée à l'issue de la période de modulation, les heures excédentaires sont soumises au régime des heures supplémentaires et ouvrent droit à une majoration de salaire ou de repos de remplacement conformément à l'article 2 de la loi n° 2000-37 du 19 janvier 2000.

Les heures excédentaires s'imputent sur le contingent annuel d'heures supplémentaires et dont les limites peuvent être négociées par avenant ou accord d'entreprise, dans le cadre des dispositions prévues par la loi n° 2000-37 du 19 janvier 2000 précitée, sauf si leur paiement est remplacé par un repos équivalent majoré.

L'horaire hebdomadaire peut varier de 0 à 46 heures. Le temps de travail quotidien, pendant les semaines de basse activité, ne peut être inférieur à 4 heures consécutives. Ce mode d'organisation est compatible avec la possibilité de convertir la réduction du temps de travail en jours de repos.

Sauf cas exceptionnel et dans les seuls cas de recours autorisés par les dispositions légales, le recours au travail temporaire et aux contrats à durée déterminée sera limité aux hypothèses de remplacement, au surcroît d'activité non programmé et aux emplois saisonniers que la mise en œuvre de la modulation ne permet pas d'écarter complètement (1).

Les salariés employés sous contrat à durée déterminée ou temporaire ne sont pas concernés par les dispositions du présent article portant sur la modulation du temps de travail à l'exception de ceux dont le contrat est motivé par un remplacement d'un salarié absent pour une durée de moins de 6 mois (1).

Hormis les cas des contrats à durée déterminée ou temporaire, lorsqu'un salarié du fait d'une embauche ou d'une rupture du contrat n'a pas accompli la totalité de la période de modulation, une régularisation est effectuée en fin de période de modulation ou à la date de la rupture du contrat. S'il apparaît que le salarié a accompli une durée du travail supérieure à la durée correspondant au salaire lissé, il est accordé au salarié un complément de rémunération égal à la différence de rémunération entre celle correspondant aux heures réellement effectuées et celles rémunérées. Ce complément de rémunération est versé avec la paie du premier mois suivant le dernier mois de la période de modulation, ou lors de l'établissement du solde de tout compte (1). Si les sommes versées sont supérieures à celles correspondant au nombre d'heures réellement accomplies, une

---

(1) Alinéa étendu sous réserve que, conformément aux dispositions de l'article L. 212-8 du code du travail, un accord complémentaire de branche étendu ou d'entreprise détermine le droit à repos compensateur des salariés n'ayant pas travaillé pendant la totalité de la période de modulation et des salariés dont le contrat de travail a été rompu au cours de cette même période *(arrêté du 26 juillet 2002, art. 1er)*.

compensation est faite avec la dernière paie ou le premier mois suivant l'échéance de la période de modulation entre les sommes dues par l'employeur et cet excédent (1).

Toutefois, en cas de rupture du contrat de travail pour motif économique, aucune retenue n'est effectuée (2).

Au regard des données économiques et sociales qui conduisent à l'adoption du présent dispositif, l'entreprise établit un programme indicatif précisant :

- les périodes de fortes activités ;
- les périodes de plus faibles activités (2).

Cette programmation indicative sera établie chaque année, après consultation du comité d'entreprise ou, à défaut, des délégués du personnel, si ces institutions existent (2).

Elle sera portée à la connaissance du personnel concerné au moins 30 jours avant sa date d'entrée en vigueur (2).

Toute modification de cette programmation fera l'objet d'une consultation préalable du comité d'entreprise ou des délégués du personnel, si ces institutions existent, et d'une communication au personnel en respectant un délai de prévenance de 7 jours ouvrés (2).

Le décompte du temps de travail effectué par chaque salarié sera fait au moyen d'un relevé quotidien et hebdomadaire validé par l'employeur. Un récapitulatif mensuel sera mentionné ou annexé au bulletin de paie (2).

6.2. Chômage partiel

L'organisation du travail doit, en principe, permettre un strict respect du volume d'heures annuelles.

Dans le cas où il apparaîtrait que le volume d'heures travaillées sur la période annuelle est inférieur au volume prévu, l'employeur peut demander l'application du régime d'allocation spécifique de chômage partiel dans les conditions prévues aux articles R. 351-50 et suivants du code du travail ou maintenir la rémunération des salariés concernés.

---

(1) Phrase étendue sous réserve de l'application des dispositions des articles L. 145-2 et R. 145-2 du code du travail, qui précisent les conditions dans lesquelles est déterminée la fraction saisissable de la rémunération *(arrêté du 26 juillet 2002, art. 1er)*.

(2) Alinéa étendu sous réserve que, conformément aux dispositions de l'article L. 212-8 du code du travail, un accord complémentaire de branche étendu ou d'entreprise détermine le droit à repos compensateur des salariés n'ayant pas travaillé pendant la totalité de la période de modulation et des salariés dont le contrat de travail a été rompu au cours de cette même période *(arrêté du 26 juillet 2002, art. 1er)*.

Article 7

Aménagement individualisé des temps de travail

7.1. Aménagement individualisé

La direction de chaque entreprise peut aménager le temps de travail en définissant des horaires différents suivant la nature des prestations de services effectuées.

Les salariés mobiles, au sens de l'article 3.2.3 du présent accord, suivent l'horaire applicable en fonction du type de clients.

Sur la demande des salariés, l'employeur peut mettre en place des horaires individualisés, sous réserve que le comité d'entreprise ou, à défaut, les délégués du personnel ne s'y opposent pas. Dans les entreprises dépourvues de délégués du personnel ou de représentants syndicaux, la mise en place de tels horaires est subordonnée à l'information préalable de l'inspecteur du travail compétent.

Un règlement établi par l'employeur détermine les conditions d'utilisation des horaires individualisés et fixe, entre autres, les plages impératives au cours desquelles les salariés doivent obligatoirement être présents au travail et les limites des plages variables. Il fixe également les règles de report des heures correspondant aux plages variables.

7.2. Astreinte

Certains personnels peuvent être appelés à participer, en dehors de leur horaire de travail, à un service d'astreinte à domicile dans les conditions fixées par le code du travail.

CHAPITRE II

DISPOSITIONS RELATIVES À L'ENCADREMENT

Compte tenu de la place et des responsabilités particulières que l'encadrement assume dans la bonne marche des entreprises ;

Compte tenu de son rôle essentiel dans l'organisation du temps de travail en fonction des dispositions législatives et conventionnelles ;

Compte tenu qu'aujourd'hui, pour de nombreux salariés, le temps de travail ne peut être enfermé dans des horaires continus et contrôlés par l'employeur ;

Compte tenu des possibilités offertes par les moyens bureautiques modernes et les nouvelles technologies, qui font évoluer l'exercice traditionnel des activités professionnelles ;

Compte tenu que cette évolution rencontre les aspirations des salariés qui souhaitent travailler selon un rythme qui leur soit propre, lorsque cela est compatible avec les contraintes de l'entreprise et le respect du droit du travail ;

Compte tenu que des mesures spécifiques à ces personnels doivent être mises en place selon la nature des fonctions et responsabilités qui leur sont confiées et que la référence à une mesure du temps, exprimée en nombre de journées ou demi-journées travaillées, est plus adaptée en ce qui les concerne que le calcul en heures,

l'employeur peut appliquer selon la nature des fonctions et sous réserve des dispositions sur les cadres dirigeants :

– soit un forfait annuel sur la base d'une référence horaire ;
– soit un forfait reposant sur un décompte annuel en journées.

Les signataires, souhaitant tout à la fois favoriser l'émergence de nouvelles formes de liens contractuels entre l'entreprise et l'encadrement et faire bénéficier celui-ci d'une réduction réelle de son temps de travail, conviennent des mesures ci-après.

Article 8

(Modifié par avenant n° 20 bis du 6 novembre 2001)

Forfait annuel sur la base d'une référence horaire

Les parties constatent que, du fait de l'activité des entreprises concernées, il peut exister une catégorie de cadres dont le temps de travail est impossible à évaluer par avance compte tenu de la nature de leurs fonctions, de leurs responsabilités et de leur degré d'autonomie dans l'organisation de leur emploi du temps (1).

Par exemple, outre les non-cadres mobiles, sont notamment concernés les cadres ayant les fonctions intermédiaires (1) :

– de gestion locative ;
– de gestion de copropriété ;
– de comptabilité ;
– techniques et/ou administratives.

Pour ceux-ci, il est mis en place, dans le cadre de convention individuelle, un forfait annuel d'heures dont le nombre maximum correspond au plus à la durée légale augmenté d'un contingent d'heures supplémentaires arrêté par l'employeur et le salarié dans ladite convention (1).

La rémunération afférente au nombre d'heures retenu doit être au moins égale à la rémunération que le salarié recevrait compte tenu du salaire minimum conventionnel applicable dans l'entreprise et des bonifications ou majorations prévues à l'article L. 212-5 du code du travail.

Les cadres concernés devront organiser leur temps de travail à l'intérieur de ce forfait annuel en respectant les limites suivantes (1) :

– durée quotidienne de travail maximum : 10 heures ;
– durée hebdomadaire de travail maximum : 48 heures.

---

(1) Alinéa étendu sous réserve que, conformément au II de l'article L. 212-15-3 du code du travail, un accord complémentaire de branche étendu ou d'entreprise fixe la durée annuelle sur laquelle le forfait est établi *(arrêté du 26 juillet 2002, art. 1er)*.

Compte tenu des conditions d'exercice de leur mission, et en particulier de l'autonomie dont ils disposent dans l'organisation de leur emploi du temps et du fait que leur durée du travail ne peut être prédéterminée, la convention de forfait annuel en heures est également applicable aux salariés non cadres mobiles définis à l'article 3.2.3 du présent accord. Toutefois, ces salariés seront soumis au contingent d'heures supplémentaires de 130 heures conformément aux articles L. 212-6 et D. 212-25 du code du travail (1).

Chaque mois, les salariés ayant conclu une convention individuelle annuelle d'heures devront remettre pour validation à l'employeur un relevé des heures accomplies au cours du mois précédent. Ce relevé établi par autodéclaration devra en particulier mentionner les durées quotidiennes et hebdomadaires de travail réalisées, afin que puissent être identifiés les éventuels non-respects des limites quotidiennes et hebdomadaires définies ci-dessus (1).

Il est convenu que la rémunération de chaque salarié concerné sera lissée sur la base de l'horaire moyen de référence, de façon à assurer une rémunération régulière, indépendante de l'horaire réel pendant toute la période de rémunération (1).

Les absences rémunérées de toute nature sont payées sur la base du salaire mensuel lissé (1).

Les absences non rémunérées de toute nature sont retenues proportionnellement au nombre d'heures d'absence constatées par rapport au nombre d'heures réel du mois considéré (1).

Le contrat de travail doit laisser aux salariés concernés la liberté dans l'organisation d'une partie de leur temps de travail. Sous cette réserve, l'employeur et le salarié répartissent d'un commun accord les heures de travail sur l'année.

Le contrat de travail des salariés concernés peut prévoir :
- les modalités de la rémunération forfaitaire ;
- la possibilité d'utiliser un compte épargne-temps ou tout autre avantage convenu avec l'employeur (2).

La mise en œuvre d'une rémunération forfaitaire peut constituer une modification du contrat de travail nécessitant l'accord du salarié.

Le volume d'heures annuel prévu audit forfait tient compte de la réduction du temps de travail. Cette réduction se fait comme pour les autres salariés, sous la forme :
- d'une attribution de repos supplémentaires (à la semaine, à la quinzaine, au mois ou à l'année) ;

---

(1) Alinéa étendu sous réserve que, conformément au II de l'article L. 212-15-3 du code du travail, un accord complémentaire de branche étendu ou d'entreprise fixe la durée annuelle sur laquelle le forfait est établi *(arrêté du 26 juillet 2002, art. 1er)*.

(2) Alinéa étendu sous réserve qu'un accord complémentaire de branche étendu ou d'entreprise prévoie la mise en place du compte épargne-temps, conformément aux dispositions de l'article L. 227-1 du code du travail (*arrêté du 17 août 2001, art. 1er*).

– d'une réduction quotidienne ;
– d'une combinaison de ces deux modalités.

La répartition du temps de travail peut se faire sur la base :
– d'une semaine de 6 jours ;
– d'une semaine de 5,5 jours ;
– d'une semaine de 5 jours ;
– sur moins de 5 jours au niveau du salarié dans le cadre d'une ouverture de l'entreprise de 5 à 6 jours par semaine.

Les parties signataires du présent accord considèrent que les employeurs doivent privilégier la réduction du temps de travail de ces personnels sous forme de jours de repos.

Article 9 (1)

(Modifié par avenant nº 20 bis *du 6 novembre 2001)*

Forfait reposant sur un décompte annuel en journées

Les employeurs peuvent appliquer un forfait reposant sur un décompte annuel en journées maximum de 217 jours, sauf affectation des jours de repos dans un compte épargne-temps.

Les parties constatent que, compte tenu de l'activité des entreprises concernées, il existe une catégorie de cadres répondant aux exigences de l'article L. 212-15-3 du code du travail. Il s'agit des cadres qui ne sont pas soumis à l'horaire collectif de leur service ou de leur équipe, ou dont les horaires ou la durée du travail ne peuvent être prédéterminés, compte tenu de la nature de leurs fonctions, de leurs responsabilités et de leur degré d'autonomie dans l'organisation de leur emploi du temps. Cela concerne notamment les cadres dont le rythme d'activités s'organise par relation directe avec la clientèle et ses exigences. Cela concerne également les cadres mobiles qui, en raison des conditions d'exercice de leurs fonctions, et notamment du fait qu'ils sont amenés à se déplacer habituellement hors des locaux de l'entreprise pour l'exécution de leur travail, disposent d'un degré élevé d'autonomie dans l'organisation de leur emploi du temps, et ne peuvent être soumis de ce fait à un encadrement ni à un contrôle des heures de travail qu'ils effectuent.

Pour exemple, sont notamment concernés, quels que soient leurs niveaux de classification, les cadres assurant de manière autonome les fonctions de :
– négociation commerciale, conseil, expertises ;
– gestion d'ensembles immobiliers ;

---

(1) Article étendu sous réserve qu'en application des dispositions de l'article L. 212-15-3 III du code du travail, un accord complémentaire de branche étendu ou d'entreprise :

– définisse les catégories de salariés concernés par la conclusion de conventions de forfaits en jours pour lesquels la durée du temps de travail ne peut être prédéterminée du fait de la nature de leurs fonctions, des responsabilités qu'ils exercent et du degré d'autonomie dont ils bénéficient dans leur emploi du temps ;

– détermine les modalités concrètes d'application des repos quotidien et hebdomadaire prévus aux articles L. 220-1, L. 221-2 et L. 221-4 du code du travail. (*arrêté du 17 août 2001, art. 1er*).

– gestion technique ;
– direction ou responsabilité d'un service.

Ce forfait fera l'objet d'un avenant au contrat de travail pour chaque salarié concerné. Celui-ci devra définir la fonction justifiant l'autonomie dont dispose le salarié pour l'exécution de sa mission ou de sa prestation de services.

L'employeur et le cadre définiront en début d'année, ou deux fois par an si nécessaire, le calendrier prévisionnel de l'aménagement du temps de travail et de la prise des jours de repos sur l'année. Une fois par an ils établissent un bilan de la charge de travail de l'année écoulée (application du calendrier prévisionnel, organisation du travail, amplitude des journées d'activité).

Le nombre de journées ou demi-journées travaillées par ces personnels est déterminé dans le respect des dispositions légales en vigueur.

La réduction du temps de travail de ces salariés se fait obligatoirement sous forme de jours de repos ou de demi-journées. Ces modalités de réduction du temps de travail peuvent être complétées et améliorées par accord entre le salarié et son employeur.

A l'occasion de la prise de repos, les cadres concernés complètent un document récapitulant le nombre de jours travaillés et le nombre de journées ou demi-journées de repos prises.

La demi-journée s'entend comme le temps s'écoulant avant la pause prévue pour le déjeuner ou le temps s'écoulant après le déjeuner.

Ce document est conservé par l'employeur et tenu pendant 3 ans à la disposition de l'inspection du travail.

Ces cadres « autonomes » bénéficient d'une rémunération forfaitaire, en contrepartie de l'exercice de leur mission. Leur temps de travail sera décompté en nombre de jours travaillés, dans les conditions prévues ci-dessus.

Ils ne sont donc pas tenus de respecter un encadrement ou une organisation précise de leurs horaires de travail, et ne sont pas soumis aux dispositions de l'article L. 212-1 et de l'article L. 212-7, alinéa 2, du code du travail.

Ils bénéficient d'une réduction effective du temps de travail selon les modalités spécifiques prévues par le présent accord.

Les cadres concernés devront organiser leur temps de travail à l'intérieur de ce forfait annuel, en respectant un repos quotidien continu de 11 heures entre 2 journées de travail. Le calendrier prévisionnel de l'aménagement du temps de travail et de la prise des jours de repos sur l'année devra garantir la prise du repos hebdomadaire d'un minimum de 35 heures incluant une journée complète.

Article 10

Les cadres dirigeants

Les cadres dirigeants, entendu comme ceux auxquels sont confiées des responsabilités dont l'importance implique une grande indépendance dans l'organisation de leur emploi du temps, qui sont habilités à prendre des décisions de façon largement autonome et qui perçoivent une rémunération dans les niveaux les plus élevés des systèmes de rémunérations pratiqués au sein de l'entreprise, ne sont pas soumis aux dispositions légales relatives à l'aménagement et à la réduction du temps de travail.

CHAPITRE III

DISPOSITIONS GÉNÉRALES

Article 11

Durée de l'accord

Le présent accord est conclu pour une durée indéterminée. Il pourra être révisé ou dénoncé dans les conditions définies par la loi.

Si de nouvelles dispositions législatives ou réglementaires, postérieures à l'entrée en application du présent accord, remettaient en cause l'équilibre dudit accord, les parties signataires s'engagent à examiner les conséquences que pourraient avoir ces nouvelles dispositions sur le présent accord qui pourrait être dénoncé en cas d'échec des négociations.

Le présent accord pourra être dénoncé conformément aux dispositions légales en vigueur en la matière et nonobstant son introduction au sein de la convention collective nationale de l'immobilier par le biais de l'article L. 132-11 du code du travail.

Les parties signataires veilleront à adapter le présent accord à d'éventuelles nouvelles dispositions législatives plus favorables.

Article 12

Entrée en vigueur et régime juridique

Le présent accord entrera en vigueur le premier jour du mois suivant la publication de son arrêté d'extension au *Journal officiel*. La délégation patronale est mandatée pour demander l'extension.

Article 13

Commission nationale de branche de suivi

Compte tenu de l'importance des dispositions prévues dans le présent accord, les parties signataires conviennent de créer et de mettre en œuvre une commission nationale de branche pour le suivi de l'évolution de l'emploi dans la branche.

Cette commission sera composée de 2 membres par organisation professionnelle et par syndicat de salariés signataires. Cette commission se réunira dans un délai de 1 an à compter de la date d'entrée en vigueur du présent accord pour procéder à un premier bilan de l'évolution de l'application de ce dernier. Cette commission fonctionnera dans les conditions fixées à l'article 4 de la convention collective relatif à la conciliation et l'interprétation.

Fait à Paris, le 29 novembre 2000.

Suivent les signatures des organisations ci-après :

Organisations patronales :

CNAB ;
FNAIM ;
FSIF ;
UNIT ;
SNRT ;
Fédération des SEM.

Syndicats de salariés :

FECTAM CFTC ;
CGC (SNUHAB) ;
Fédération des services CFDT.

ASTREINTE

AVENANT N° 30 DU 20 OCTOBRE 2005 (1)
relatif à l'astreinte

PRÉAMBULE

Considérant l'arrêté d'extension du 13 avril 2005 excluant de l'avenant d'actualisation de la CCNI (n° 26) les dispositions de l'article 19.7.2 relatives à l'astreinte,

Considérant les dispositions de l'article 2 de l'avenant n° 27 du 10 mai 2005 engageant les partenaires sociaux à des négociations portant sur un avenant spécifique à l'astreinte en vue de prévoir les clauses relatives au mode d'organisation des astreintes et à la compensation financière ou en repos auxquelles elles donnent lieu et ce conformément aux observations du ministère,

les partenaires sociaux conviennent de ce qui suit :

Article 1er

Définition

Après l'article 19.7.1 « Aménagement individualisé » de l'avenant 26 du 22 mars 2004, il est créé un article 19.7.2 ainsi rédigé :

Afin de répondre à des besoins imprévus, certains salariés pourront être conduits à assurer périodiquement des astreintes.

Une période d'astreinte s'entend comme une période pendant laquelle le salarié, sans être à la disposition permanente et immédiate de l'employeur, doit être joignable à tout moment, par un moyen mis à sa disposition, afin d'être en mesure d'intervenir, dans les délais les plus brefs, pour effectuer un travail au service de l'entreprise.

La durée de cette intervention et le temps correspondant au trajet habituel seront considérés comme un temps de travail effectif. Exception faite de la durée d'intervention, la période d'astreinte est décomptée dans les durées minimales de repos visées aux articles L. 220.1 (repos quotidien d'une durée minimale de 11 heures consécutives) et L. 221.4 (durée minimale du temps de repos hebdomadaire de 24 heures auxquelles s'ajoutent les heures consécutives de repos quotidien).

Article 2

Champ d'application

L'astreinte s'applique aux salariés s'étant engagés, par avenant à leur contrat de travail, à assumer un nombre déterminé de jours d'astreinte par an.

---

(1) Texte non étendu.

Les présentes dispositions s'appliquent à l'ensemble du personnel, y compris d'encadrement.

Article 3
Mise en place

La programmation individuelle des périodes d'astreinte doit être portée à la connaissance de chaque salarié concerné au moins 15 jours à l'avance, sauf circonstances exceptionnelles et sous réserve que le salarié en soit averti au moins 1 jour franc à l'avance.

En fin de mois, l'employeur doit remettre à chaque salarié concerné un document récapitulant le nombre d'heures d'astreinte effectuées par celui-ci au cours du mois écoulé ainsi que la compensation correspondante.

Article 4
Indemnisation des astreintes

Le temps de ces astreintes doit faire l'objet d'une compensation attribuée à l'initiative de l'employeur sous forme de rémunération ou sous forme de repos.

En tout état de cause, pour chaque heure d'astreinte, la compensation ne pourra pas être inférieure aux planchers suivants :

- *en cas de repos :*
  - *6 % du temps d'astreinte durant les jours ouvrables, venant en déduction du temps normalement travaillé la semaine suivante ou le mois suivant ;*
  - *10 % pour les astreintes effectuées durant le repos hebdomadaire conventionnel et les jours chômés ;*
- *en cas de compensation financière :*
  - *6 % de la rémunération minimale conventionnelle horaire (complément différentiel compris), hors prime d'ancienneté, d'anniversaire, de 13e mois et toute autre prime ;*
  - *10 % pour les astreintes effectuées durant le repos hebdomadaire conventionnel et les jours chômés.*

Dans certains cas, l'astreinte peut faire l'objet d'une compensation sous forme d'avantage en nature, par l'attribution notamment d'un véhicule de fonction à l'année.

Article 5
Conditions préalables aux interventions

Le principe même de l'intervention doit être justifié par une situation d'urgence, à savoir notamment :

- *soit une situation à laquelle il ne peut être remédié par aucun mode de communication à distance ;*

– soit une situation nécessitant une intervention à distance excédant une certaine durée fixée par convention de fonctionnement.

La durée doit être en tout état de cause proportionnée au but recherché.

Article 6

Indemnisation des interventions

Les interventions ponctuelles effectuées pendant le temps d'astreinte sont qualifiées de temps de travail effectif et feront l'objet d'une rémunération comme telle.

Article 7

Frais de déplacement

Seuls les frais de déplacement engendrés par les interventions, hors horaires normaux, sont indemnisés. Le paiement sera alors effectué sur la base des frais réels, sur présentation des justificatifs correspondants.

Article 8

Les parties signataires conviennent de demander l'extension dans les meilleurs délais du présent avenant.

Fait à Paris, le 20 octobre 2005.

Suivent les signatures des organisations ci-après :

Organisations patronales :

CNAB ;
FNAIM ;
FSIF ;
SNPI ;
UNIT ;
Fédération des SEM ;
CSAB.

Syndicats de salariés :

CFTC-FECTAM ;
CGC-SNUHAB ;
Fédération des services CFDT ;
CGT Force ouvrière.

CERTIFICATS
DE QUALIFICATION PROFESSIONNELLE

ACCORD DU 11 DÉCEMBRE 2002

portant création des certificats de qualification professionnelle

Préambule

Le certificat de qualification professionnelle, délivré par une branche professionnelle, permet de reconnaître qu'une personne maîtrise les savoirs et les savoir-faire correspondant à une qualification identifiée.

Les premiers CQP sont issus de la volonté des partenaires sociaux d'offrir aux entreprises accueillant des jeunes en contrat de qualification une alternative à la préparation des diplômes de l'enseignement technologique et professionnel.

L'ordonnance du 16 juillet 1986 légitime les dispositions de l'annexe de 1983 qui a créé les conditions de l'émergence d'un ordre juridique au sein duquel l'Etat n'est plus la seule autorité investie du pouvoir de valider les qualifications. Cette ordonnance donne à l'employeur la possibilité d'assurer au jeune une formation lui permettant d'acquérir une qualification figurant sur une liste établie par la commission paritaire nationale de l'emploi et de la formation dans une branche professionnelle (CPNEFP).

Ces dispositions seront reprises par l'accord national interprofessionnel du 1er mars 1989 relatif à l'insertion professionnelle des jeunes et dans la loi du 4 juillet 1990 relative au crédit formation.

La CPNEFP de l'immobilier et de la promotion construction, dénommée CEFI, a été créée par l'accord national professionnel du 28 octobre 1992 (modifié par accord rectificatif du 19 octobre 1993 et remplacé par l'avenant du 27 novembre 1996) et renouvelé le 22 décembre 1998 et le 6 mars 2001.

La CEFI est l'organe fédérateur des compétences et des moyens développés dans le secteur immobilier en matière d'emploi et de formation professionnelle. Elle met en œuvre toutes les dispositions visant la valorisation et le renforcement des qualifications et des compétences des salariés, atouts pour l'entreprise, pour le développement de l'emploi, et pour l'évolution de carrière des collaborateurs.

Conformément à l'article 5-II de ses statuts, la CEFI a pour missions :

- mettre à jour en permanence un répertoire des organismes de formation et de leurs programmes ;
- analyser de façon critique les formations et leur adaptation aux besoins de la profession ;

– développer le partenariat entreprises/écoles ;
– faire reconnaître des titres et diplômes dans les niveaux de classification conventionnels des emplois ;
– assurer la liaison avec les services ministériels pour le développement et l'homologation de titres et de diplômes adaptés ;
– initier des formations diplômantes ;
– mettre en œuvre la validation des acquis d'expérience.

Article 1er

Définition du CQP

Le certificat de qualification professionnelle (CQP) est un titre créé et délivré au sein des branches professionnelles de l'immobilier et de la promotion-construction par le CEFI, dans le cadre d'un accord qui en définit ci-après le processus de création et de mise en œuvre. Ce titre atteste les qualifications professionnelles obtenues dans un métier propre aux branches de l'immobilier (CCN nº 3090) et de la promotion-construction (CCN nº 3248).

Cette qualification devra être propre à l'immobilier ou à la promotion construction, et ne pas être sanctionnée par un diplôme d'Etat ou un titre homologué.

Les CQP sont créés par la commission paritaire nationale de l'emploi et de la formation professionnelle de l'immobilier (CEFI), seule instance légalement habilitée à représenter les professions de l'immobilier et de la promotion-construction dans ce domaine, et sont délivrés sous sa responsabilité exclusive.

Toute personne titulaire d'un CQP en garde le bénéfice tout au long de sa vie professionnelle.

Article 2

Conditions d'obtention d'un CQP

La qualification professionnelle est acquise à l'issue d'un parcours de formation formalisé par référence à un descriptif d'activités et de capacités et sur la base d'épreuves dont le contenu et les modalités sont définis dans un cahier des charges approuvé par la CEFI et annexé à la décision de création du CQP considéré. Le CQP ne peut être délivré qu'aux personnes qui répondent aux conditions fixées par le présent accord.

Article 3

Personnes pouvant obtenir le CQP

Le certificat de qualification peut s'adresser aussi bien aux salariés en activité, dans le cadre de la formation continue, qu'aux jeunes en formation initiale, notamment par la formation en alternance.

Pour les salariés en activité, il permet de :

- reconnaître le professionnalisme des collaborateurs dans leur emploi en validant partiellement ou totalement des compétences qu'ils mettent en œuvre ;
- renforcer et développer leurs compétences par le biais de modules de formation, pour favoriser leur adaptation aux évolutions techniques et organisationnelles ;
- favoriser leur évolution professionnelle par l'adaptation permanente des compétences aux besoins de l'entreprise.

Le CQP permet également aux jeunes en contrat de qualification d'acquérir des connaissances et des compétences reconnues et validées par la CEFI favorisant leur insertion professionnelle dans les métiers de l'immobilier et de la promotion-construction.

Article 4

Création d'un CQP

4.1. Délibération

Quand la CEFI initie elle-même un projet ou quand elle donne son accord à la création d'un CQP, sa mise en place ne peut se faire que selon le processus défini ci-après. Cette décision prend la forme d'une délibération suivie d'un vote.

4.2. Rapport d'opportunité

La décision de créer tout CQP est prise par la CEFI. Toute personne physique ou morale désirant voir créer un CQP correspondant à un métier de l'immobilier ou de la promotion-construction doit en faire la demande auprès de la CEFI en produisant un rapport de « faisabilité et d'opportunité ».

Toute demande émanant d'une (ou de plusieurs) organisation(s) est portée de plein droit à l'ordre du jour de la CEFI. Cette demande est examinée en fonction des critères suivants :

- le domaine de qualification et les besoins existants ;
- le profil professionnel et les perspectives d'emploi ;
- les axes prioritaires de formation.

Après avoir délibéré, la CEFI donne ou non son aval à ce rapport, dont l'adoption va conduire à la préparation d'un cahier des charges pédagogique.

4.3. Les CQP de la branche immobilière

Dans une phase initiale, la CEFI donne son accord à la création des CQP suivants, liés aux métiers de l'immobilier et de la promotion-construction :

- CQP de négociateur immobilier ;
- CQP de gestionnaire de biens immobiliers ;

– CQP d'assistante administrative et commerciale en immobilier ;
– CQP de chargé de programmes en promotion immobilière.

Ces quatre CQP couvrent les besoins exprimés par la CEFI. Ils devront faire l'objet d'un cahier des charges pédagogique précis défini ci-après (art. 4.4).

4.4. Cahier des charges pédagogique

Pour chaque CQP, un cahier des charges pédagogique sera établi, comportant obligatoirement :
– la fiche signalétique de la qualification demandée ;
– le public visé et les modalités de recrutement ;
– le plan de formation et la durée ;
– l'organisation de l'alternance et du tutorat pour la préparation des CQP en contrat de qualification ;
– les modalités de suivi de la formation et l'évaluation de la formation ;
– les pièces à fournir pour la délivrance du CQP.

Article 5

Habilitation des organismes de formation

Tout organisme de formation qui souhaite mettre en place une formation aboutissant à la délivrance d'un CQP doit être habilité par la CEFI.

L'organisme de formation intéressé sera auditionné en réunion plénière de la CEFI. C'est au terme de cette audition que la CEFI donnera ou non son habilitation et qu'elle déterminera son cahier des charges.

Son renouvellement sera conditionné par un retour d'informations concernant le suivi des étudiants 6 mois après l'obtention de leur CQP.

Chaque CQP fait l'objet d'une habilitation expresse par la CEFI.

Article 6

Renouvellement, modification et suppression des CQP

Chaque CQP est créé pour une durée de 2 ans. Au terme de cette période, le CQP se trouve :

1. Soit reconduit par tacite reconduction pour une durée de 3 ans elle-même renouvelable.

2. Soit reconduit après modifications décidées par la CEFI pour une durée de 3 ans elle-même renouvelable.

3. Soit supprimé par la CEFI, auquel cas les actions de formation en cours seront menées à leur terme jusqu'à la délivrance des certificats dont les titulaires pourront se prévaloir.

Les modifications adoptées sont appliquées à tout cycle de formation débutant après la décision de la CEFI. Elles sont notifiées par la CEFI aux organismes de formation concernés.

Article 7

Organisation des stages

Tout organisme de formation agréé mettant en place une formation conduisant au CQP devra :
- déclarer tout démarrage de cycle spécifique ou indiquer les modalités d'admission dans un cycle permanent ;
- s'engager à se conformer au cahier des charges pédagogique ;
- déclarer accepter les modalités d'évaluation finale ;
- adresser l'ensemble de ces documents à la CEFI, 46, rue de Rome, 75008 Paris.

Article 8

Certification et obtention du CQP

Article 8.1

Compétences du candidat

Le CQP permettant d'acquérir une nouvelle qualification, ou d'élargir sa qualification professionnelle par l'acquisition de nouvelles compétences implique que l'intéressé soit en possession de certaines connaissances et aptitudes.

Article 8.2

La validation des acquis d'expérience

Cette procédure consiste à reconnaître que l'expérience professionnelle d'un candidat à un CQP équivaut à une ou plusieurs unités constitutives du CQP. Elle permet de délivrer à un candidat tout ou partie d'un CQP sans que celui-ci ait à suivre les modules de formation correspondants.

La validation des acquis d'expérience devra suivre une procédure et un cahier des charges précis. Ces documents sont en cours de rédaction et seront finalisés au cours du 1er trimestre 2003.

Article 8.3

L'évaluation des acquis de formation

L'évaluation finale des acquis de formation permet de vérifier l'acquisition des compétences visées par le module de formation concerné.

Un cahier des charges précisant les conditions d'évaluation et les critères de réussite est élaboré pour chaque CQP et validé par la CEFI.

Les résultats de l'évaluation doivent être consignés dans un « dossier d'évaluation » qui est adressé par la suite au jury de certification pour l'obtention du CQP.

Article 9

Composition et rôle du jury

Le jury de certification est composé au maximum de :
- 2 personnes désignées par les organisations patronales représentées à la CEFI ;
- 2 personnes désignées par les organisations syndicales représentées à la CEFI.

Ce jury se réunit à l'initiative de la CEFI. Il est chargé de délivrer les CQP au nom de la CEFI. La présidence du jury est assurée alternativement par la délégation de salariés et la délégation patronale.

Les membres du jury ne peuvent en aucun cas faire partie de l'équipe pédagogique de l'établissement de formation.

Les pièces à fournir au jury de certification pour la délivrance d'un CQP sont :
- une fiche de présentation du candidat ;
- un historique des expériences professionnelles et des formations suivies par le candidat ;
- un dossier de suivi de la formation ;
- un dossier d'évaluation ;
- un dossier du mémoire.

Le jury de certification, après avoir étudié le dossier des candidats, auditionnera chacun d'eux pour une épreuve orale (selon les modalités prévues dans le cahier des charges).

Les décisions de délivrance de CQP sont prises d'un commun accord entre les membres présents du jury de certification.

Article 10

Conversion des FSQ en CQP

Les certificats de formation supérieure qualifiante (FSQ) et tout autre certificat délivré par des organismes de formation bénéficiant d'une résolution CEFI sont considérés, à compter de la signature du présent accord, comme étant des CQP.

Tout titulaire d'un certificat de FSQ peut donc se prévaloir de cette équivalence.

Article 11

Suivi de l'accord

Au cours du dernier trimestre de chaque année, les membres de la CEFI effectueront un bilan de l'application des dispositions du présent accord.

A cette occasion les membres de la CEFI pourront donner un avis sur la démarche d'acquisition et d'obtention du CQP et la composition et le rôle du jury de certification aux parties du présent accord, qui pourront les compléter ou les actualiser.

Article 12

Extension

Les parties signataires conviennent de demander au ministère des affaires sociales, du travail et de la solidarité l'extension du présent accord.

Fait à Paris, le 11 décembre 2002.

Suivent les signatures des organisations ci-après :

Organisations patronales :

CNAB ;
FNAIM ;
FSIF ;
SNPI ;
FNPC.

Syndicats de salariés :

CFTC-FECTAM ;
CGC-SNUHAB ;
Fédération des services CFDT ;
Fédération des employés et cadres FO.

ACCORD N° 1 DU 1ER AVRIL 2004

relatif à l'accord portant sur les certificats de qualification professionnelle

PRÉAMBULE

L'accord paritaire du 11 décembre 2002 portant création des certificats de qualification professionnelle (CQP) des branches de l'immobilier et de la promotion construction indique que la commission paritaire nationale de l'emploi et de la formation professionnelle de l'immobilier et de la promotion construction, dénommée CEFI, a créé quatre CQP couvrant les besoins exprimés par les branches, mais que celle-ci peut initier elle-même un projet ou donner son accord à la création de nouveaux CQP (art. 4.1 de l'accord susvisé).

Sous ces conditions :

Article 1er

La CEFI a décidé lors de la réunion plénière du 1er avril 2004 la création d'un nouveau CQP, dénommé « comptable en gestion immobilière », après l'étude du cahier des charges pédagogique défini à l'article 4.4 de l'accord paritaire du 11 décembre 2002.

Article 2

Les prérequis pour accéder à cette formation sont bac + 2 validé (BTS option comptabilité, DUT, maîtrise des sciences techniques et financières).

Article 3

Cette formation a une durée de 455 heures. Compte tenu des nouvelles dispositions de la réforme de la formation professionnelle, les enseignements professionnels doivent représenter 25 % de la durée totale du contrat ou de la période de professionnalisation (art. 13 du projet de loi relatif à la formation professionnelle tout au long de la vie et au dialogue social en voie d'adoption et de promulgation avant la fin du 1er semestre 2004).

Article 4

L'habilitation des organismes de formation et les modalités d'examen suivront les procédures indiquées dans l'article 5 de l'accord du 11 décembre 2002.

Article 5

Les parties signataires conviennent de demander au ministère des affaires sociales, du travail et de la solidarité l'extension du présent accord.

Fait à Paris, le 1er avril 2004.

Suivent les signatures des organisations ci-après :

Organisations patronales :

CNAB ;

FNAIM ;

FSIF ;

SNPI ;

FNPC ;

CSAB.

Syndicats de salariés :

CFTC-CSFV ;

CGC-SNUHAB ;

Fédération des services CFDT ;

Fédération des employés et cadres FO.

RETRAITE

AVENANT N° 29 DU 23 SEPTEMBRE 2005
relatif au départ et à la mise à la retraite

Article 1er

Le présent avenant se substitue à l'article 34 de la convention collective nationale de l'immobilier.

Le départ en retraite du personnel peut intervenir :

- à l'initiative du salarié lorsqu'il est en droit de bénéficier d'une pension de vieillesse ;
- à l'initiative de l'employeur à partir de 65 ans, soit à un âge inférieur mais au moins égal à 60 ans dès lors que les salariés remplissent les conditions pour bénéficier d'une retraite à taux plein du régime d'assurance vieillesse et que l'employeur s'engage à :
  - favoriser la conclusion de contrats de professionnalisation ou d'apprentissage pour promouvoir l'emploi des jeunes ;
  - mettre en œuvre un bilan de compétences pour les salariés de 45 ans et plus ;
  - donner un accès prioritaire au plan de formation pour les salariés de 45 ans et plus.

Le salarié doit communiquer à l'employeur qui le lui demande les éléments d'information relatifs à sa situation au regard de son droit à pension.

En cas de départ à son initiative, le salarié doit respecter le préavis prévu à l'article 32 en cas de démission, et il perçoit une indemnité de départ en retraite fixée comme suit sur la base du salaire global brut mensuel défini à l'article 37.4, acquis à la date de cessation du contrat de travail :

- 1/2 mois après 5 ans de service ;
- 1 mois après 10 ans ;
- 1 mois et demi après 15 ans ;
- 2 mois après 20 ans ;
- 2 mois et demi après 25 ans ;
- 3 mois après 30 ans.

En cas de départ à l'initiative de l'employeur, celui-ci est tenu d'avoir avec le salarié un entretien préalablement à la notification de mise à la retraite, et de respecter le préavis prévu à l'article 32 en cas de licenciement. Le salarié perçoit une indemnité de départ en retraite fixée comme suit sur la base du salaire global brut mensuel contractuel susvisé :

- 0,11 mois par année de services dans l'entreprise si le salarié a effectué 10 ans de services ou moins ;
- 0,15 mois par année de services dans l'entreprise si le salarié a effectué plus de 10 ans et moins de 21 ans de services ;

– 0,16 mois par année de services dans l'entreprise si le salarié a effectué plus de 20 ans de services et moins de 35 ans ;
– 0,17 mois par année de services dans l'entreprise si le salarié a effectué 35 ans de services ou plus.

Si l'employeur prend l'initiative de mettre le salarié à la retraite avant 65 ans, l'indemnité de départ en retraite sera portée à :

– 0,15 mois par année de services dans l'entreprise si le salarié a effectué 10 ans de services ou moins ;
– 0,19 mois par année de services dans l'entreprise si le salarié a effectué plus de 10 ans et moins de 21 ans de services ;
– 0,20 mois par année de services dans l'entreprise si le salarié a effectué plus de 20 ans de services et moins de 35 ans ;
– 0,21 mois par année de services dans l'entreprise si le salarié a effectué 35 ans de services ou plus.

Article 2

Les dispositions du présent avenant entreront en vigueur dès la publication de l'arrêté ministériel d'extension au *Journal officiel*.

Fait à Paris, le 23 septembre 2005.

Suivent les signatures des organisations ci-après :

Organisations patronales :

CNAB ;

FNAIM ;

FSIF ;

SNPI ;

UNIT ;

SNRT ;

Fédération des SEM ;

CSAB.

Syndicats de salariés :

CFTC-FECTAM ;

CGC-SNUHAB ;

CGT-FO ;

CGT.

SALAIRES

AVENANT N° 19 DU 10 AVRIL 2000 (1)

Considérant l'obligation légale imposant aux organisations liées par une convention collective de branche de se réunir au moins une fois par an pour négocier sur les salaires (art. L. 132-12 du code du travail) ;

Considérant l'article 37 de la convention collective nationale de l'immobilier (brochure n° 3090) fixant les règles conventionnelles relatives à « la valeur du point – le salaire mensuel minimal »,

les partenaires sociaux conviennent :

Article 1er

La valeur du point « Salaires » prévu à l'article 37-1 de la CCN de l'immobilier sera portée, dans les conditions prévues ci-dessous à l'article 2, à :

26,97 F au 1er avril 2000 (majoration de 0,8 %)

d'où les valeurs suivantes des salaires minimaux conventionnels pour un horaire mensuel de 169 heures et 13 mensualités par an (sous réserve des conséquences éventuelles de la loi du 19 janvier 2000) :

CATÉGORIE	NIVEAU	COEFFICIENT hiérarchique	SALAIRE MINIMUM conventionnel au 1er avril 2000
Employés	I	241	6 881,68 (1)
	II	255	6 903,97 (2)
	III	270	7 281,90
	IV	290	7 821,30
Agents de maîtrise	V	315	8 495,55
	VI	335	9 034,95
Cadres	VII	380	10 248,60
	VIII	440	11 866,80
	IX	510	13 754,70
	X	600	16 182,00

(1) Y compris 381,91 F de différentiel pour atteindre le niveau du SMIC actuellement en vigueur.

(2) Y compris 26,62 F pour maintenir le même écart entre niveau I et niveau II.

---

(1) Avenant étendu sous réserve de l'application des dispositions réglementaires portant fixation du salaire minimum de croissance *(arrêté du 26 juillet 2000, art. 1er).*

Les négociateurs immobiliers exclusivement rémunérés à la commission pouvant depuis le 1er janvier 1994 être engagés « hors classification » bénéficient, pour un emploi à plein temps, d'une garantie minimale de rémunération annuelle de 81 900 F (cf. avenant nº 15-1 du 27 novembre 1996, art. 1er).

Article 2

L'augmentation de la valeur du point, portée à 26,97 F, soit + 0,8 %, s'inscrit avec l'objectif de rapprocher les salaires conventionnels des salaires réels.

Dans ce cadre, conformément à l'article 37-3, 2e alinéa, de la CCN de l'immobilier, chaque entreprise aura la liberté, si elle le juge nécessaire, de déduire sur le salaire complémentaire tout ou partie de l'augmentation résultant de la nouvelle valeur du point, soit 0,8 %, sans que le salaire contractuel obtenu soit inférieur au SMIC en vigueur, dès lors que l'entreprise aura mis en place, antérieurement au présent avenant :

– soit des augmentations salariales individualisées, pour l'année 2000 ;
– soit un accord d'aménagement et réduction du temps de travail prévoyant une clause de modération salariale.

Article 3

S'il apparaissait que l'évolution de la conjoncture économique divergeait significativement du profil conjoncturel de l'année 2000 défini par les pouvoirs publics à la date du présent accord, les parties se réuniraient à compter du 1er septembre 2000, dans les conditions prévues par les articles 2-2 et 37-1 de la convention collective, pour examiner toute proposition tendant à tenir compte de cette situation et de ses implications au niveau de la branche.

Article 4

Les parties signataires conviennent de demander l'extension du présent avenant en procédure accélérée.

Fait à Paris, le 10 avril 2000.

Suivent les signatures des organisations ci-après :

Organisations patronales :

CNAB ;
FNAIM ;
FSIF ;
SNPI ;
UNIT ;
Fédération des SEM.

Syndicats de salariés :

CFTC ;
CGT-FO.

AVENANT N° 21 DU 6 MARS 2001 (1)

Considérant l'obligation légale imposant aux organisations liées par une convention collective de branche de se réunir au moins une fois par an pour négocier sur les salaires (art. L. 132-12 du code du travail) ;

Considérant l'article 37 de la convention collective nationale de l'immobilier (brochure n° 3090) fixant les règles conventionnelles relatives à « la valeur du point – le salaire mensuel minimal »,

les partenaires sociaux conviennent :

Article 1er

Les valeurs du point « Salaires » résultant des arrêtés d'extension du 2 février 1999 et du 26 juillet 2000, ce dernier ayant exclu expressément le secteur des résidences de tourisme de l'application de la dernière augmentation de la valeur du point, sont majorées de 1,3 % pour prendre effet au 1er avril 2001, d'où les valeurs du point suivantes :

– 27,10 F dans le secteur « résidence de tourisme » ;

– 27,32 F dans les autres secteurs d'activité.

Les négociateurs immobiliers exclusivement rémunérés à la commission pouvant depuis le 1er janvier 1994 être engagés « hors classification » bénéficient, pour un emploi à plein temps, d'une garantie minimale de rémunération annuelle de 81 900 F (cf. avenant n° 15-1 du 27 novembre 1996, art. 1er).

Article 2

Les salaires conventionnels acquis par chacun des salariés seront déterminés dans chaque entreprise par application de la formule de calcul fixé par l'article 37-2 de la CCN. Comme rappelé par l'article 4 de l'avenant n° 20 du 29 novembre 2000 relatif à l'ARTT dans le secteur de l'immobilier : la diversité des situations dans l'application, dans le temps, des lois nos 98-461 du 13 janvier 1998 et 2000-37 du 19 janvier 2000, excluant jusqu'au 1er janvier 2003 l'établissement d'un seul barème des salaires minima correspondant aux 10 niveaux de classification fixés par l'annexe I à la CCN (art. 35).

---

(1) Avenant étendu sous réserve de l'application des dispositions réglementaires portant fixation du salaire minimum de croissance et de l'article 32 de la loi n° 2000-37 du 27 janvier 2000 (*arrêté du 23 juillet 2001, art. 1er*).

Article 3

La neutralisation éventuelle, totale ou partielle de l'augmentation de 1,3 % des salaires conventionnels, visés à l'article 1er ci-avant, pourra être effectuée par réduction à due concurrence du salaire complémentaire, comme prévu à l'article 37-3 de la CCN, ou par application des mesures assortissant la mise en œuvre de la réduction du temps de travail au 1er janvier 2001 ou antérieurement.

Ces mesures peuvent :

– soit viser la structure salariale pour instituer un processus de modération de l'évolution des salaires, fondé sur l'application des dispositions prévues au paragraphe 1, 2e alinéa, de l'article 37 de la CCN (valeur de point augmentée à due proportion de la réduction du temps de travail), et/ou au paragraphe 3, 2e alinéa, du même article 37 (modifié (1) par l'avenant no 16 du 20 mars 1997, étendu le 1er juillet 1997 – augmentation par anticipation du salaire complémentaire) et/ou à l'article 32 de la loi no 2000-37 du 19 janvier 2000 (garantie Aubry complétant le SMIC, indexée, selon le paragraphe 1, 2e alinéa, dudit article 32, (2) et complément différentiel « de même nature » pour les salariés hors réglementation SMIC, visé au paragraphe VI du même article) ;
– soit établir des droits nouveaux (congés payés, anticipation de l'échelonnement de carrière prévu par l'article 36 de la CCN, intéressement, abonnement au plan épargne d'entreprise ou au compte épargne-temps, etc.).

Article 4

S'il apparaissait que l'évolution de la conjoncture économique divergeait significativement du profil conjoncturel de l'année 2001, défini par les pouvoirs publics à la date du présent accord, les parties se réuniraient à compter du 1er septembre 2001, dans les conditions prévues dans les articles 2-2 et 37-1 de la convention collective, pour examiner toute proposition tendant à tenir compte de cette situation et ses implications au niveau de la branche.

---

(1) La seconde phrase de cet alinéa ayant été complétée comme suit : « Toutefois, il ne peut être réduit à l'occasion de l'augmentation de la valeur de point, sauf si cette réduction est prévue dans l'accord d'entreprise ou interentreprises, conclu avec les organisations syndicales représentées dans l'entreprise. »

(2) Soit 1,45 % au 1er juillet 2000, d'où complément différentiel mensuel de 608,29 F ou 728,21 F, le SMIC (base horaire 42,02 F) s'établissant à la même date à 7 101,38 F pour un horaire mensuel contractuel de 169 heures (39 heures par semaine) et à 6 373,17 F pour un horaire mensuel contractuel de 151,67 heures (35 heures par semaine).

Article 5

Les parties signataires conviennent d'ores et déjà d'engager le processus de négociation des salaires pour l'année 2002 avant le 30 septembre 2001, avec pour objectif d'aboutir à un accord salaire éventuel, avec application au 1er janvier 2002.

Article 6

Les parties signataires conviennent d'engager, à compter de la signature du présent avenant, une négociation visant à actualiser la CCNI.

Cette négociation devra aboutir à des propositions qui devraient être présentées, devant la commission mixte de la CCNI, au plus tard le 30 juin 2002.

Article 7

Les parties signataires conviennent de demander l'extension du présent avenant en procédure accélérée.

Fait à Paris, le 6 mars 2001.

Suivent les signatures des organisations ci-après :

Organisations patronales :

CNAB ;

FNAIM ;

FSIF ;

UNIT ;

SNRT ;

Fédération des SEM.

Syndicats de salariés :

FECTAM CFTC ;

Fédération des services CFDT.

AVENANT N° 24 DU 4 DÉCEMBRE 2001
relatif aux salaires à compter du 1er janvier 2002

Considérant l'obligation légale imposant aux organisations liées par une convention collective de branche de se réunir au moins une fois par an pour négocier sur les salaires (art. L. 132-12 du code du travail) ;

Considérant l'article 37 de la convention collective nationale de l'immobilier (brochure n° 3090) fixant les règles conventionnelles relatives à « la valeur du point – le salaire mensuel minimal »,

les partenaires sociaux conviennent :

Article 1er

Les valeurs points « Salaires » résultant des arrêtés d'extension du 23 juillet 2001 et du 26 juillet 2000, sont majorées de 1,5 % pour prendre effet au 1er janvier 2002, d'où les valeurs du point suivantes :

- 27,51 F, soit 4,19 €, dans le secteur « Résidence de tourisme » ;
- 27,73 F, soit 4,23 €, dans les autres secteurs d'activités immobilières.

Article 2

Les salaires conventionnels acquis par chacun des salariés seront déterminés dans chaque entreprise par application de la formule de calcul fixée par l'article 37.2 de la convention collective nationale, comme rappelé par l'article 4 de l'avenant n° 20 du 29 novembre 2000 relatif à l'ARTT dans le secteur de l'immobilier : la diversité des situations dans l'application, dans le temps, des lois n° 98-461 du 13 janvier 1998 et n° 2000-37 du 19 janvier 2000, excluant jusqu'au 1er janvier 2003 l'établissement d'un seul barème des salaires minima correspondant aux 10 niveaux de classification fixés par l'annexe I à la convention collective nationale (art. 35).

Article 3

La neutralisation éventuelle, totale ou partielle de l'augmentation de 1,5 % des salaires conventionnels, visés à l'article 1er ci-avant, pourra être effectuée par réduction à due concurrence du salaire complémentaire, comme prévu à l'article 37.3 de la convention collective nationale, et dans le respect des accords d'entreprise conclus antérieurement au 1er janvier 2002 visant l'aménagement et la réduction du temps de travail.

Ces mesures peuvent :

- soit viser la structure salariale pour instituer un processus de modération de l'évolution des salaires, fondé sur l'application des dispositions prévues au paragraphe 1, 2e alinéa, de l'article 37 de la convention collective nationale (valeur de point augmentée à due proportion de la réduction du temps de travail) et/ou au paragraphe 3, 2e alinéa, du même article 37 [modifié (1) par l'avenant nº 16 du 20 mars 1997, étendu le 1er juillet 1997 « Augmentation par anticipation du salaire complémentaire »] et/ou à l'article 32 de la loi nº 2000-37 du 19 janvier 2000 [garantie Aubry complétant le SMIC, indexé selon le paragraphe 1, 2e alinéa, dudit article 32 (2), et complément différentiel « de même nature » pour les salariés hors réglementation SMIC, visé au paragraphe 6 du même article] ;
- soit établir des droits nouveaux (congés payés, anticipation de l'échelonnement des carrières prévu par l'article 36 de la convention collective nationale, intéressement, abondement au plan d'épargne d'entreprise ou au compte épargne-temps, etc.).

Article 4

S'il apparaissait que l'évolution de la conjoncture économique divergeait significativement du profil conjoncturel de l'année 2002, défini par les pouvoirs publics à la date du présent accord, les parties se réuniraient à compter du 15 juillet 2002, dans les conditions prévues dans les articles 2.2 et 37.1 de la convention collective, pour examiner toute proposition tendant à tenir compte de cette situation et ses implications au niveau de la branche.

Article 5

Les parties signataires conviennent de demander l'extension du présent avenant en procédure accélérée.

---

(1) La seconde phrase de cet alinéa ayant été complétée comme suit : « Toutefois, il ne peut être réduit à l'occasion de l'augmentation de la valeur de point, sauf si cette réduction est prévue dans l'accord d'entreprise ou interentreprises, conclu avec les organisations syndicales représentées dans l'entreprise. »

(2) Soit 4,05 % au 1er juillet 2001, d'où complément différentiel mensuel 804,56 F, 422,08 F ou 12,28 F, le SMIC (base horaire 43,72 F) s'établissant à la même date à 7 388,68 F, soit 1 126,40 € pour un horaire mensuel contractuel de 169 heures (39 heures par semaine), à 7 303,77 F, soit 1 113,45 € pour les entreprises passées aux 35 heures entre le 1er juillet 2000 et le 30 juin 2001 et à 7 180,43 F, soit 1 094,65 € pour les entreprises passées aux 35 heures entre le 1er juillet 1999 et le 30 juin 2000.

Fait à Paris, le 4 décembre 2001.

Suivent les signatures des organisations ci-après :

Organisations patronales :

CNAB ;

FNAIM ;

FSIF ;

SNPI ;

UNIT ;

SNRT ;

Fédération des SEM.

Syndicats de salariés :

CFTC-FECTAM ;

CGC-SNUHAB ;

CGT-FO.

AVENANT N° 25 DU 14 NOVEMBRE 2003 (1)

Considérant l'obligation légale imposant aux organisations liées par une convention collective de branche de se réunir au moins une fois par an pour négocier sur les salaires (art. L. 132-12 du code du travail) ;

Considérant l'article 37 de la CCNI (brochure n° 3090) fixant les règles conventionnelles relatives à « la valeur du point et au salaire mensuel minimal » ;

Considérant la tenue de la réunion de la commission mixte de la CCNI en date du 22 octobre 2003 dont l'ordre du jour prévoyait la négociation salariale pour l'année 2004,

les partenaires sociaux conviennent :

Article 1er

Les valeurs points « salaires » résultant de l'arrêté d'extension du 21 juin 2002 sont majorées de 1,5 % pour prendre effet au 1er janvier 2004, d'où les valeurs du point suivantes :

- 4,19 €, valeur applicable précédemment, est portée à 4,25 € dans le secteur « résidence de tourisme » ;
- 4,23 €, valeur applicable précédemment, est portée à 4,29 € dans les autres secteurs d'activités immobilières.

Article 2

Les salaires conventionnels acquis par des salariés seront déterminés dans chaque entreprise par application de la formule de calcul fixée par l'article 37.2 de la CCN. Comme rappelé par l'article 4 de l'avenant n° 20 du 29 novembre 2000 relatif à l'ARTT dans le secteur de l'immobilier : la diversité des situations dans l'application, dans le temps, des lois 98-461 du 13 janvier 1998 et 2000-37 du 19 janvier 2000, excluant l'établissement d'un seul barème des salaires minima correspondant aux divers niveaux de classification fixés par l'annexe I à la CCN (art. 35).

Article 3

Lorsque l'entreprise a réduit la durée du travail avec maintien de salaire, la neutralisation éventuelle, totale ou partielle de l'augmentation de 1,5 % de la valeur du point visée à l'article 1er ci-avant,

---

(1) Avenant étendu sous réserve de l'application des dispositions réglementaires portant fixation du salaire minimum de croissance et de l'article 32 de la loi n° 2000-37 du 19 janvier 2000 modifiée qui a instauré une garantie de rémunération mensuelle *(arrêté du 13 février 2004, art. 1er)*.

pourra être effectuée par réduction à due concurrence du salaire complémentaire, comme prévu à l'article 37.3, 2e alinéa, de la CCNI, et dans le respect des accords d'entreprise visant l'aménagement et la réduction du temps de travail.

Les employeurs qui ont pratiqué en 2003 des augmentations de salaires par anticipation ont la possibilité d'utiliser les dispositions prévues par l'article 37 de la CCNI.

Ils peuvent notamment :

- soit appliquer une augmentation correspondant à la différence entre l'augmentation prévue par le présent avenant et l'augmentation précédemment accordée au salarié par anticipation (article 37.1, alinéa 2) ;
- soit, lorsque la valeur du point visée à l'article 1er est déjà acquise dans l'entreprise, pratiquer l'augmentation prévue au présent avenant en basculant sur le salaire complémentaire une somme correspondant à l'augmentation de 1,5 % du salaire conventionnel.

Article 4

Les partenaires sociaux prennent acte que le présent avenant « salaires » est le dernier qui portera sur la négociation de la valeur du point.

En conséquence, les partenaires sociaux s'accordent sur le principe d'une négociation salariale annuelle portant sur les rémunérations réelles des salariés entrant dans le champ d'application de la convention collective nationale de l'immobilier.

Cette décision sur la rémunération implique une négociation sur les classifications prévues à l'annexe 1 de la CCNI. Cette négociation devant aboutir au plus tard à la fin du 1er trimestre 2004.

Article 5

L'article 39 « Prime anniversaire » de la CCNI est remplacé par l'article suivant :

« A la date anniversaire des 25 et 30 ans de service dans l'entreprise, les salariés reçoivent une gratification égale au salaire global brut mensuel contractuel défini à l'article 37.4 acquis à cette date. L'attribution de cette prime n'est pas obligatoirement liée à la remise de la médaille d'honneur du travail offerte par l'entreprise après décision préfectorale, les services accomplis dans un nombre illimité d'entreprises pouvant être retenus par l'autorité prefectorale, pour justifier des 20, 30, 35 et 40 années de services requises (décret du 17 octobre 2000). »

Article 6

Les parties signataires conviennent de demander l'extension du présent avenant en procédure accélérée.

Fait à Paris, le 14 novembre 2003.

Suivent les signatures des organisations ci-après :

Organisations patronales :

CNAB ;

FNAIM ;

FSIF ;

SNPI ;

CSAB ;

SNRT ;

Fédération des SEM.

Syndicats de salariés :

CFTC-CSFV ;

CGC-SNUHAB.

Adhésion :

Union nationale de l'immobilier (UNIT) par lettre du 8 décembre 2003.

AVENANT N° 28 DU 6 JUILLET 2005 (1)
relatif aux salaires 2005

Entre :

La CNAB ;

La FNAIM ;

L'UNIT ;

La fédération des SEM ;

La CSAB ;

FSIF,

D'une part, et

La FECTAM-CFTC ;

Le SNUHAB-CGC ;

La CGT-FO,

D'autre part,

Considérant l'obligation légale imposant aux organisations liées par une convention collective de branche de se réunir au moins 1 fois par an pour négocier sur les salaires (art. L. 132-12 du code du travail) ;

Considérant l'article 37 de la CCNI (brochure n° 3090) fixant les règles conventionnelles relatives à la valeur du point et au salaire mensuel minimal ;

Considérant les négociations lors de la réunion de la commission mixte paritaire du 1er décembre 2004,

il a été convenu ce qui suit :

Article 1er

Le salaire conventionnel est en 2005 majoré par augmentation de la valeur du point « salaires » résultant de l'arrêté d'extension du 13 février 2004 pour les secteurs d'activités autres que les « résidences de tourisme ». Cette valeur est majorée de 1,5 % pour prendre effet au 1er janvier 2005, d'où les valeurs du point suivantes :

– 4,25 € dans le secteur « résidences de tourisme », la valeur du point n'étant pas modifiée dans ce secteur par le présent avenant ;

– 4,35 € dans les autres secteurs d'activités immobilières (la valeur du point étant précédemment fixée, dans ces secteurs, à 4,29 €).

---

(1) Avenant étendu sous réserve des dispositions réglementaires portant fixation du salaire minimum interprofessionnel de croissance *(arrêté du 6 décembre 2005, art. 1er).*

Article 2

L'augmentation résultant de cette revalorisation de la valeur du point peut être neutralisée, en tout ou partie, si l'employeur le souhaite, par la réduction du salaire complémentaire éventuel, à due concurrence de l'augmentation du salaire conventionnel.

L'augmentation du salaire conventionnel objet du présent avenant est à valoir sur toute indemnité différentielle versée aux salariés en sus de leur salaire conventionnel pour atteindre le montant du SMIC.

En tout état de cause, les augmentations individuelles ou collectives déjà pratiquées depuis janvier 2005 sont imputables sur l'augmentation résultant du présent avenant.

Article 3

Si, par anticipation, le salaire complémentaire a été augmenté, le présent avenant permet d'augmenter le salaire conventionnel de 1,5 % en diminuant dans la même proportion le salaire complémentaire.

Si, par anticipation, le salaire conventionnel visé à l'article 1er est déjà acquis dans l'entreprise à la date d'entrée en vigueur du présent avenant, ce dernier ne modifie en rien les salaires pratiqués dans l'entreprise, le but poursuivi par l'avenant ayant de fait déjà été atteint.

Si l'augmentation accordée avant l'entrée en vigueur du présent avenant est moindre que celle qu'il prévoit, les employeurs peuvent notamment, pour les salariés concernés, appliquer une augmentation correspondant seulement à la différence entre l'augmentation prévue par le présent avenant et l'augmentation précédemment accordée au salarié.

Article 4

Les parties signataires conviennent de demander l'extension du présent avenant en procédure accélérée.

Fait à Paris, le 6 juillet 2005.

(Suivent les signatures.)

ARRÊTÉS D'EXTENSION

EXTENSION D'UN TEXTE CONVENTIONNEL

Etendre un accord, c'est le rendre applicable à tous les salariés et obligatoire pour tous les employeurs appartenant au même secteur géographique et professionnel.

ARRÊTÉ DU 24 FÉVRIER 1989

portant extension de la convention collective nationale des cabinets d'administrateurs de biens et des sociétés immobilières

(*Journal officiel* du 3 mars 1989)

Le ministre du travail, de l'emploi et de la formation professionnelle,

Vu les articles L. 133-1 et suivants du code du travail ;

Vu la convention collective nationale des cabinets d'administrateurs de biens et des sociétés immobilières, mise à jour au 9 septembre 1988, complétée par 4 annexes et un accord national du 11 décembre 1987 (4 annexes) ;

Vu la demande d'extension présentée par les organisations signataires ;

Vu l'avis publié au *Journal officiel* du 28 octobre 1988 ;

Vu les avis recueillis au cours de l'enquête ;

Vu l'avis motivé de la Commission nationale de la négociation collective (sous-commission des conventions et accords), notamment les oppositions formulées par 2 représentants des organisations de salariés ;

Considérant qu'il appartient aux signataires des conventions et accords collectifs de travail d'en déterminer librement le contenu sous réserve du respect des dispositions des lois et règlements ;

Considérant que, sous réserve de l'application de certaines dispositions du code du travail et certaines exclusions mentionnées dans le présent arrêté, les clauses de la convention collective ne sont pas contraires aux dispositions légales,

Arrête :

Article 1er

Sont rendues obligatoires, pour tous les employeurs et tous les salariés compris dans son champ d'application, les dispositions de :

- la convention collective nationale des cabinets d'administrateurs de biens et des sociétés immobilières, mise à jour au 9 septembre 1988, complétée par :
  - une annexe n° 1 Classifications des emplois ;
  - une annexe n° 2 Valeur du point. – Salaires (uniquement l'accord du 27 mai 1988) ;

– une annexe n° 3 Protocole relatif aux conditions de mise en œuvre de la mise à jour au 1er janvier 1984 (uniquement le point A) ;
– une annexe n° 4 Règlement intérieur de la Commission nationale de conciliation ;
– l'accord national du 11 décembre 1987 conclu dans le cadre de la convention susvisée complété lui-même par une annexe n° 2, une annexe n° 3 et une annexe n° 4.

Sont exclus de l'extension :

– le troisième alinéa de l'article 7.2 à partir des mots « sauf autres dispositions assurant également... » jusqu'à la fin de l'alinéa 1 ;
– le deuxième alinéa de l'article 8 ;
– les termes « visée à l'article R. 323-53 du code du travail » figurant au point 1 de l'article 13 ;
– la fin du premier alinéa de l'article 19 à partir des mots « et l'article 26 de l'ordonnance » ;
– le quatrième et le sixième alinéa de ce même article 19 ;
– l'expression « ou à une baisse saisonnière d'activités » figurant au premier alinéa de l'article 20 ;
– la parenthèse figurant au sixième tiret de l'article 22 ;
– le point *a* au paragraphe 2° de l'article 27 ;
– à l'annexe n° 1 à la convention collective, le point *a* et le deuxième alinéa du point *c* des dispositions relatives à la conduite des installations des ouvriers des régies d'exploitation chauffage.

Le troisième alinéa de l'article 7.2 est étendu sous réserve de l'application de l'article L. 433-2, alinéa 5, du code du travail.

Le quatrième tiret de l'article 9 est étendu sous réserve de l'application de l'article L. 434-7 du code du travail et le sixième tiret de ce même article est étendu sous réserve de l'application de l'article L. 432-6 du code du travail.

Le troisième alinéa de l'article 10 est étendu sous réserve de l'application de l'article L. 236-2 du code du travail.

L'article 11 est étendu sous réserve de l'application de l'article L. 122-34 du code du travail.

Le deuxième alinéa de l'article 21 est étendu sous réserve de l'application de l'article L. 223-4 du code du travail.

Le deuxième tiret du point 3 de l'article 24 est étendu sous réserve de l'application de l'article L. 122-32-1 et suivants du code du travail.

Le point *b* de l'article 28 est étendu sous réserve de l'application de l'article L. 122-19 du code du travail.

L'article 31 est étendu sous réserve de l'application des articles L. 321-1 et suivants du code du travail et le deuxième alinéa de ce même article est étendu sous réserve de l'application de l'article L. 122-14 du code du travail.

L'article 33 est étendu sous réserve de l'application de la loi nº 78-49 du 19 janvier 1978 (article 5 de l'accord annexé).

L'article 34 est étendu sous réserve de l'application de l'article L. 122-14-13 du code du travail.

A l'annexe nº 1 à la convention collective, au paragraphe Dispositions relatives à la conduite des installations des ouvriers des régies, le point *b* est étendu sous réserve de l'application des articles L. 212-2, alinéa 2, et L. 212-7, alinéa 2, du code du travail, et le point *c* est étendu sous réserve de l'application des articles L. 221-2 et L. 221-4 du code du travail.

Article 2

L'extension des effets et sanctions de la convention collective nationale et des textes la complétant susvisés est faite à dater de la publication du présent arrêté pour la durée restant à courir et aux conditions prévues par ladite convention.

Article 3

Le directeur des relations du travail est chargé de l'exécution du présent arrêté, qui sera publié au *Journal officiel* de la République française.

Fait à Paris, le 24 février 1989.

Pour le ministre et par délégation :
Le directeur des relations du travail,
O. DUTHEILLET DE LAMOTHE

ARRÊTÉ DU 10 JUIN 1989

portant extension d'un avenant dans le cadre de la convention collective nationale des cabinets d'administrateurs de biens et des sociétés immobilières

(*Journal officiel* du 22 juin 1989)

Article 1er

Sont rendues obligatoires, pour tous les employeurs et tous les salariés compris dans le champ d'application de la convention collective nationale des cabinets d'administrateurs de biens et des sociétés immobilières mise à jour au 9 septembre 1988, les dispositions de l'avenant nº 1 du 10 mars 1989 à l'annexe II de la convention collective susvisée.

. . . .

ARRÊTÉ DU 18 OCTOBRE 1989

portant extension d'un avenant à la convention collective nationale des cabinets d'administrateurs de biens et des sociétés immobilières

(*Journal officiel* du 28 octobre 1989)

Article 1er

Sont rendues obligatoires, pour tous les employeurs et tous les salariés compris dans le champ d'application de la convention collective nationale des cabinets d'administrateurs de biens et des sociétés immobilières mise à jour au 9 septembre 1988, les dispositions de l'avenant n° 2 du 23 juin 1989 à la convention collective susvisée.

. . . .

ARRÊTÉ DU 20 AVRIL 1990

portant extension d'un avenant à la convention collective nationale des cabinets d'administrateurs de biens et des sociétés immobilières qui devient convention collective nationale de l'immobilier

(*Journal officiel* du 29 avril 1990)

Article 1er

Sont rendues obligatoires, pour tous les employeurs et tous les salariés compris dans le champ d'application de la convention collective nationale des cabinets d'administrateurs de biens et des sociétés immobilières, devenue convention collective nationale de l'immobilier par l'avenant n° 3 du 27 octobre 1989, modifiant son champ d'application, les dispositions dudit avenant n° 3 du 27 octobre 1989, à l'exclusion, à l'article 2, des mots figurant entre parenthèses : « (y compris départements d'outre-mer) ».

. . . .

ARRÊTÉ DU 24 JUIN 1991
portant extension d'un avenant à la convention collective nationale de l'immobilier

(*Journal officiel* du 29 juin 1991)

Article 1er

Sont rendues obligatoires, pour tous les employeurs et tous les salariés compris dans le champ d'application de la convention collective nationale de l'immobilier (ex-convention collective nationale des cabinets d'administrateurs de biens et des sociétés immobilières), tel qu'il résulte de l'avenant n° 3 du 27 octobre 1989 et à l'exclusion des départements d'outre-mer, les dispositions de l'avenant n° 4 du 15 octobre 1990 à la convention collective nationale susvisée.

. . . .

ARRÊTÉ DU 25 JUIN 1991
portant extension d'avenants à la convention collective nationale de l'immobilier

(*Journal officiel* du 29 juin 1991)

Article 1er

Sont rendues obligatoires, pour tous les employeurs et tous les salariés compris dans le champ d'application de la convention collective nationale de l'immobilier, tel qu'il résulte de l'avenant n° 3 du 27 octobre 1989 et à l'exclusion des départements d'outre-mer, les dispositions de l'avenant n° 5 du 17 janvier 1991 et de l'annexe à l'avenant n° 5 (relative à l'article 27 Retraites complémentaires) du 17 janvier 1991 conclus dans le cadre de la convention nationale susvisée.

. . . .

ARRÊTÉ DU 23 JANVIER 1992

portant extension d'un avenant à la convention collective nationale de l'immobilier

(*Journal officiel* du 1er février 1992)

Article 1er

Sont rendues obligatoires, pour tous les employeurs et tous les salariés compris dans le champ d'application de la convention collective nationale de l'immobilier, tel qu'il résulte de l'avenant n° 3 du 27 octobre 1989 et à l'exclusion des départements d'outre-mer, les dispositions de l'avenant n° 6 du 16 octobre 1991 à la convention collective susvisée.

. . . .

ARRÊTÉ DU 28 JANVIER 1993

portant extension d'un avenant à la convention collective nationale de l'immobilier

(*Journal officiel* du 9 février 1993)

Article 1er

Sont rendues obligatoires, pour tous les employeurs et tous les salariés compris dans le champ d'application de la convention collective nationale de l'immobilier, tel qu'il résulte de l'avenant n° 3 du 27 octobre 1989 et à l'exclusion des départements d'outre-mer, les dispositions de l'avenant n° 8 du 28 octobre 1992 Salaires à la convention collective susvisée.

. . . .

ARRÊTÉ DU 9 FÉVRIER 1994

portant extension d'un accord national professionnel instituant une commission paritaire nationale de l'emploi et de la formation professionnelle dans l'immobilier et d'accords le complétant

(*Journal officiel* du 17 février 1994)

Article 1er

Sont rendues obligatoires, pour tous les employeurs et tous les salariés compris dans le champ d'application de la convention collective nationale de l'immobilier, tel qu'il résulte de l'avenant n° 3 du 27 octobre 1989, les dispositions de :

- l'accord national professionnel du 28 octobre 1992 instituant une commission paritaire nationale de l'emploi et de la formation professionnelle dans l'immobilier ;
- l'accord rectificatif du 19 octobre 1993 à l'accord national susvisé ;
- l'additif du 21 décembre 1993 à l'accord national susvisé, à l'exclusion des mots « à travers le fonds commun professionnel (fonds commun de l'immobilier) » et « au sein d'AGEFOS-PME » figurant à l'article 2.

. . . .

ARRÊTÉ DU 30 JUIN 1994

portant extension d'un avenant à la convention collective nationale de l'immobilier

(*Journal officiel* du 13 juillet 1994)

Article 1er

Sont rendues obligatoires, pour tous les employeurs et tous les salariés compris dans le champ d'application de la convention collective nationale de l'immobilier, tel qu'il résulte de l'avenant n° 3 du 27 octobre 1989 et à l'exclusion des départements d'outre-mer, les dispositions de l'avenant n° 10 du 19 octobre 1993 Salaires à la convention collective susvisée, à l'exclusion du point *b* de l'article 1er.

. . . .

ARRÊTÉ DU 15 FÉVRIER 1995

portant extension d'un avenant à l'accord national professionnel instituant une commission paritaire nationale de l'emploi et de la formation professionnelle dans l'immobilier et la promotion-construction

(*Journal officiel* du 23 février 1995)

Article 1er

Sont rendues obligatoires, pour tous les employeurs et tous les salariés compris dans le champ d'application de l'accord national professionnel du 28 octobre 1992 instituant une commission paritaire nationale de l'emploi et de la formation professionnelle dans l'immobilier et la promotion-construction, tel qu'étendu par arrêté du 9 février 1994, les dispositions de l'avenant du 22 novembre 1994 à l'accord national susvisé.

. . . .

ARRÊTÉ DU 10 MAI 1995

portant extension d'un avenant à la convention collective nationale de l'immobilier

(*Journal officiel* du 12 mai 1995)

Article 1er

Sont rendues obligatoires, pour tous les employeurs et tous les salariés compris dans le champ d'application de la convention collective nationale de l'immobilier, tel qu'il résulte de l'avenant n° 3 du 27 octobre 1989 et à l'exclusion des départements d'outre-mer, les dispositions de l'avenant n° 11 du 22 novembre 1994 (Salaires) à la convention collective susvisée.

. . . .

ARRÊTÉ DU 12 FÉVRIER 1996

portant extension d'avenants à un accord national professionnel instituant une commission paritaire nationale de l'emploi et de la formation professionnelle dans l'immobilier et la promotion-construction

(*Journal officiel* du 21 février 1996)

Article 1er

Sont rendues obligatoires, pour tous les employeurs et tous les salariés compris dans le champ d'application de l'accord national professionnel du 28 octobre 1992 instituant une commission paritaire nationale de l'emploi et de la formation professionnelle dans l'immobilier et la promotion-construction, tel qu'étendu par l'arrêté du 9 février 1994, les dispositions de :

– l'avenant du 20 décembre 1995 à l'accord national susvisé ;

. . . .

ARRÊTÉ DU 23 FÉVRIER 1996

portant extension d'un avenant à la convention collective nationale de l'immobilier

(*Journal officiel* du 7 mars 1996)

Article 1er

Sont rendues obligatoires, pour tous les employeurs et tous les salariés compris dans le champ d'application de la convention collective nationale de l'immobilier tel qu'il résulte de l'avenant n° 3 du 27 octobre 1989 et à l'exclusion des départements d'outre-mer, les dispositions de l'avenant n° 13 du 7 novembre 1995 (Salaires) à la convention collective susvisée.

. . . .

ARRÊTÉ DU 26 FÉVRIER 1996

portant extension d'un avenant à un accord national professionnel instituant une commission paritaire nationale de l'emploi et de la formation professionnelle dans l'immobilier et la promotion-construction

(*Journal officiel* du 7 mars 1996)

Article 1er

Sont rendues obligatoires, pour tous les employeurs et tous les salariés compris dans le champ d'application de l'accord national professionnel du 28 octobre 1992, instituant une commission paritaire nationale de l'emploi et de la formation professionnelle dans l'immobilier et la promotion-construction, tel qu'étendu par l'arrêté du 9 février 1994, les dispositions du rectificatif du 20 décembre 1995 à l'additif du 20 décembre 1995 à l'accord national susvisé.

. . . .

ARRÊTÉ DU 29 AOÛT 1996

portant extension d'avenants à la convention collective nationale de l'immobilier

(*Journal officiel* du 27 septembre 1996)

Article 1er

Sont rendues obligatoires, pour tous les employeurs et tous les salariés compris dans le champ d'application de la convention collective nationale de l'immobilier, modifié par l'avenant n° 3 du 27 octobre 1989 tel qu'étendu par l'arrêté du 20 avril 1990 et par l'avenant n° 14 du 25 juin 1996, les dispositions :

- dudit avenant n° 14 du 25 juin 1996 à la convention collective susvisée ;
- de l'avenant n° 14 *bis* du 25 juin 1996 portant modalités d'application de la convention collective aux résidences de tourisme à la convention collective susvisée, à l'exclusion :
  - des termes : « y compris départements et territoires d'outre-mer » figurant à l'article 1 RT ;

- des termes : « et à défaut d'organisation syndicale représentée dans l'entreprise, d'un règlement adopté en réunion du comité d'entreprise (ou d'établissement) ou des délégués du personnel » figurant au paragraphe 2 de l'article 19 RT ;
- des termes : « étant précisé que, en référence au paragraphe 2-2 dudit chapitre, la durée maximale des heures complémentaires est portée de 10 % à un tiers de la durée annuelle contractuelle de travail » figurant au paragraphe 3 de l'article 19 RT ;
- du paragraphe 4 de l'article 19 RT.

. . . .

ARRÊTÉ DU 14 FÉVRIER 1997

portant extension d'un avenant à la convention collective nationale de l'immobilier

(*Journal officiel* du 25 février 1997)

Article 1er

Sont rendues obligatoires, pour tous les employeurs et tous les salariés compris dans le champ d'application de la convention collective nationale de l'immobilier, modifié par l'avenant n° 3 du 27 octobre 1989 tel qu'étendu par l'arrêté du 20 avril 1990 et par l'avenant n° 14 du 25 juin 1996, les dispositions de l'avenant n° 15/1 du 27 novembre 1996 (Salaires) à la convention collective susvisée.

. . . .

ARRÊTÉ DU 21 FÉVRIER 1997

portant extension d'un accord national professionnel conclu dans les secteurs de l'immobilier et de la promotion-construction

(*Journal officiel* du 27 février 1997)

Article 1er

Sont rendues obligatoires, pour tous les employeurs et tous les salariés compris dans le champ d'application de l'accord national professionnel du 27 novembre 1996, les dispositions dudit accord relatif à la commission nationale paritaire de l'emploi et de la formation professionnelle et à la collecte des contributions de formation conclu dans les secteurs de l'immobilier et de la promotion-construction, à l'exclusion :

– des termes : « des organisations signataires du présent accord » figurant au premier alinéa de l'article 2 ;
– l'article 9 est étendu sous réserve de l'application des articles L. 952-2 et R. 964-1-4 du code du travail.

. . . .

ARRÊTÉ DU 1ER JUILLET 1997

portant extension d'un avenant à la convention collective nationale de l'immobilier

(*Journal officiel* du 9 juillet 1997)

Article 1er

Sont rendues obligatoires, pour tous les employeurs et tous les salariés compris dans le champ d'application de la convention collective nationale de l'immobilier, modifié par l'avenant n° 3 du 27 octobre 1989, tel qu'étendu par arrêté du 20 avril 1990, l'avenant n° 14 du 2 juin 1996 et dans son propre champ d'application, les dispositions de l'avenant n° 16 du 20 mars 1997 relatif aux résidences de tourisme à la convention collective nationale susvisée.

L'article 37-3 RT modifié est étendu sous réserve de l'application de l'article L. 132-19 du code du travail.

. . . .

ARRÊTÉ DU 2 FÉVRIER 1999

portant extension d'un avenant à la convention collective nationale de l'immobilier

(*Journal officiel* du 11 février 1999)

Article 1er

Sont rendues obligatoires, pour tous les employeurs et tous les salariés compris dans le champ d'application de la convention collective nationale de l'immobilier, modifié par l'avenant n° 3 du

27 octobre 1989 tel qu'étendu par arrêté du 20 avril 1990, l'avenant nº 14 du 2 juin 1996 et, dans son propre champ d'application, les dispositions de l'avenant nº 17 du 28 octobre 1998 (Salaires) à la convention collective susvisée.

. . . .

ARRÊTÉ DU 9 DÉCEMBRE 1999

portant extension d'un accord national professionnel conclu dans les secteurs de l'immobilier et de la promotion-construction

(*Journal officiel* du 21 décembre 1999)

Article 1er

Sont rendues obligatoires, pour tous les employeurs et tous les salariés compris dans le champ d'application de l'accord national professionnel du 22 décembre 1998 portant renouvellement de la commission paritaire nationale de l'emploi et de la formation professionnelle et organisation de la collecte et de l'emploi des contributions de formation, conclu dans les secteurs de l'immobilier et de la promotion-construction, les dispositions dudit accord, à l'exclusion :

- des termes : « des organisations signataires du présent accord » figurant au premier alinéa de l'article 2 ;
- du paragraphe 1° de l'article 7 ;
- du deuxième tiret de l'article 9 ;
- du paragraphe *c* du deuxième tiret de l'article 10.

Les deux premiers alinéas de l'article 12 sont étendus sous réserve de l'application des articles L. 952-2 et R. 964-1-4 du code du travail.

. . . .

ARRÊTÉ DU 26 JUILLET 2000

portant extension d'un avenant à la convention collective nationale de l'immobilier

(*Journal officiel* du 9 août 2000)

Article 1er

Sont rendues obligatoires, pour tous les employeurs et tous les salariés compris dans le champ d'application de la convention collective nationale de l'immobilier, modifié par l'avenant nº 3 du 27 octobre 1989 tel qu'étendu par arrêté du 20 avril 1990, et par l'avenant nº 14 du 2 juin 1996, à l'exclusion du secteur des résidences de tourisme, les dispositions de l'avenant nº 19 du 10 avril 2000 (Salaires) à la convention collective susvisée, sous réserve de l'application des dispositions réglementaires portant fixation du salaire minimum de croissance.

. . . .

ARRÊTÉ DU 3 JUILLET 2001

portant extension d'un avenant à la convention collective nationale de l'immobilier

(*Journal officiel* du 18 juillet 2001)

Article 1er

Sont rendues obligatoires, pour tous les employeurs et tous les salariés compris dans le champ d'application de la convention collective nationale de l'immobilier, modifié par l'avenant nº 3 du 27 octobre 1989 tel qu'étendu par arrêté du 20 avril 1990, et par l'avenant nº 14 du 2 juin 1996, à l'exclusion du secteur des résidences de tourisme, les dispositions de l'avenant nº 22 du 6 mars 2001 (modification de l'article 4 de la convention collective nationale relatif au rôle de la commission nationale de conciliation) à la convention collective susvisée sous réserve de l'application des dispositions des paragraphes VII et VIII de l'article 19 de la loi nº 2000-37 du 19 janvier 2000, selon lesquelles la validation par une commission paritaire nationale de branche des accords d'entreprises relatifs à l'aménagement et à la réduction du temps de travail conclus selon les procédures décrites à ces paragraphes n'est possible qu'en l'absence d'accord de branche étendu.

. . . .

ARRÊTÉ DU 23 JUILLET 2001

portant extension d'un avenant à la convention collective nationale de l'immobilier

(*Journal officiel* du 2 août 2001)

Article 1er

Sont rendues obligatoires, pour tous les employeurs et tous les salariés compris dans le champ d'application de la convention collective nationale de l'immobilier, modifié par l'avenant n° 3 du 27 octobre 1989, tel qu'étendu par arrêté du 20 avril 1990, et par l'avenant n° 14 du 2 juin 1996, les dispositions de l'avenant n° 21 du 6 mars 2001 (salaires) à la convention collective susvisée, sous réserve de l'application des dispositions réglementaires portant fixation du salaire minimum de croissance et de l'article 32 de la loi n° 2000-37 du 27 janvier 2000.

. . . .

ARRÊTÉ DU 17 AOÛT 2001

portant extension d'un avenant à la convention collective nationale de l'immobilier

(*Journal officiel* du 28 août 2001)

Article 1er

Sont rendues obligatoires, pour tous les employeurs et tous les salariés compris dans le champ d'application de la convention collective nationale de l'immobilier, modifié par l'avenant n° 3 du

27 octobre 1989, tel qu'étendu par arrêté du 20 avril 1990, et par l'avenant nº 14 du 2 juin 1996, à l'exclusion du secteur des résidences de tourisme, les dispositions de l'avenant nº 20 du 29 novembre 2000 (aménagement et réduction du temps de travail) à la convention collective susvisée, à l'exclusion du deuxième alinéa de l'article 8 (forfait annuel sur la base d'une référence horaire) du chapitre II (dispositions relatives à l'encadrement).

Le cinquième alinéa du préambule est étendu sous réserve, en ce qui concerne la modulation, du respect du premier alinéa de l'article L. 212-8 du code du travail aux termes duquel le calcul de la durée moyenne annuelle du travail, qui doit tenir compte des congés légaux et des jours fériés prévus par l'article L. 222-1 du code du travail, peut conduire à un volume d'heures de travail inférieur à 1 600 heures.

Le dernier alinéa de l'article 3.1 (définition du temps de travail effectif - temps de travail effectif) du chapitre Ier (aménagement et réduction du temps de travail) est étendu dans les mêmes conditions que le cinquième alinéa du préambule.

Le premier alinéa de l'article 3.2.2 (définition du temps de travail effectif - temps de travail effectif et mode de travail du salarié - les fonctions sédentaires) du chapitre Ier susmentionné est étendu sous réserve de l'application des dispositions de l'article L. 212-5 du code du travail, telles qu'interprétées par la jurisprudence de la Cour de cassation, selon lesquelles constituent également des heures supplémentaires celles effectuées avec l'accord implicite de l'employeur.

Le deuxième alinéa de l'article 3.4 (définition du temps de travail effectif - temps de formation) du chapitre Ier susmentionné est étendu sous réserve de l'application des troisième et sixième alinéas de l'article L. 932-2 du code du travail.

L'article 5.2.2 (principes de l'aménagement et de la réduction du temps de travail – réduction du temps de travail sous forme de jours de repos – répartition des jours de repos) du chapitre Ier susmentionné est étendu sous réserve de l'application du deuxième alinéa du II de l'article L. 212-9 du code du travail duquel il résulte qu'un accord complémentaire de branche ou d'entreprise devra, d'une part, préciser les modalités de répartition dans le temps des droits à rémunération en fonction du calendrier des repos et, d'autre part, déterminer les modalités de prise des jours de repos pour partie au choix du salarié et pour partie au choix de l'employeur.

L'article 6.1 (aménagement du temps de travail sur l'année – variation des horaires) du chapitre Ier susmentionné est étendu sous réserve qu'en application des dispositions du cinquième alinéa de l'article L. 212-8 du code du travail un accord complémentaire de branche ou d'entreprise précise les mentions obligatoires suivantes : les modalités de recours au travail temporaire, le programme indicatif de la répartition de la durée du travail et le droit à rémunération et à repos compensateur des salariés n'ayant pas travaillé pendant la totalité de la période de modulation et des salariés dont le contrat de travail a été rompu au cours de cette même période.

L'article 8 (forfait annuel sur la base d'une référence horaire) du chapitre II (dispositions relatives à l'encadrement) est étendu sous réserve qu'en application des dispositions des points I et II de l'article L. 212-15-3 du code du travail un accord complémentaire de branche étendu ou d'entreprise fixe la durée annuelle sur laquelle le forfait est établi et détermine les catégories de cadres au sens de la convention collective susceptibles de bénéficier des conventions individuelles de forfait en heures sur l'année.

Le troisième alinéa de l'article 8 susmentionné du chapitre II susmentionné est étendu sous réserve de l'application du premier alinéa de l'article L. 212-15-4 du code du travail qui prévoit que lorsqu'une convention de forfait en heures a été conclue avec des salariés relevant des dispositions des articles L. 212-15-2 ou L. 212-15-3 du code du travail la rémunération afférente au forfait doit être au moins égale à la rémunération que le salarié recevrait compte tenu du salaire minimum conventionnel applicable dans l'entreprise et des bonifications ou majorations prévues à l'article L. 212-5.

Le cinquième alinéa de l'article 8 susmentionné du chapitre II susmentionné est étendu sous réserve qu'un accord complémentaire de branche étendu ou d'entreprise prévoit la mise en place du compte épargne-temps, conformément aux dispositions de l'article L. 227-1 du code du travail.

L'article 9 (forfait reposant sur un décompte annuel en journées) du chapitre II susmentionné est étendu sous réserve qu'en application des dispositions de l'article L. 212-15-3 III du code du travail, un accord complémentaire de branche étendu ou d'entreprise :

– définisse les catégories de salariés concernés par la conclusion de conventions de forfaits en jours pour lesquels la durée du temps de travail ne peut être prédéterminée du fait de la nature de leurs fonctions, des responsabilités qu'ils exercent et du degré d'autonomie dont ils bénéficient dans leur emploi du temps ;

– détermine les modalités concrètes d'application des repos quotidien et hebdomadaire prévus aux articles L. 220-1, L. 221-2 et L. 221-4 du code du travail.

. . . .

ARRÊTÉ DU 25 SEPTEMBRE 2001

portant modification d'un arrêté portant extension d'un avenant à la convention collective nationale de l'immobilier

(*Journal officiel* du 4 octobre 2001)

Article 1er

Les dispositions de l'arrêté du 17 août 2001 susvisé sont modifiées comme suit.

Les termes : « , à l'exclusion du secteur des résidences de tourisme, » du premier alinéa de l'article 1er sont supprimés.

. . . .

ARRÊTÉ DU 11 OCTOBRE 2001

portant extension d'un avenant à la convention collective nationale de l'immobilier

(*Journal officiel* du 20 octobre 2001)

Article 1er

Sont rendues obligatoires, pour tous les employeurs et tous les salariés compris dans le champ d'application de la convention collective nationale de l'immobilier, modifié par l'avenant no 3 du 27 octobre 1989 tel qu'étendu par arrêté du 20 avril 1990 et par l'avenant no 14 du 2 juin 1996, à l'exclusion du secteur des résidences de tourisme, les dispositions de l'avenant no 23 du 6 mars 2001 (reconduction de l'article 12 de l'accord national professionnel du 22 décembre 1998 susvisé) à la convention collective susvisée, sous réserve, concernant l'article 1er, de l'application des dispositions des articles L. 952-2 et R. 964-1-4 du code du travail.

. . . .

ARRÊTÉ DU 21 JUIN 2002

portant extension d'un avenant à la convention collective nationale de l'immobilier

(*Journal officiel* du 4 juillet 2002)

Article 1er

Sont rendues obligatoires, pour tous les employeurs et tous les salariés compris dans le champ d'application de la convention collective nationale de l'immobilier, modifié par l'avenant n° 3 du 27 octobre 1989, tel qu'étendu par arrêté du 20 avril 1990, et par l'avenant n° 14 du 2 juin 1996, les dispositions de l'avenant n° 24 du 4 décembre 2001 relatif à la valeur du point à la convention collective susvisée.

. . . .

ARRÊTÉ DU 26 JUILLET 2002

portant extension d'un avenant à la convention collective nationale de l'immobilier

(*Journal officiel* du 6 août 2002)

Article 1er

Sont rendues obligatoires, pour tous les employeurs et tous les salariés compris dans le champ d'application de la convention collective nationale de l'immobilier, modifié par l'avenant n° 3 du 27 octobre 1989 tel qu'étendu par arrêté du 20 avril 1990 et par l'avenant n° 14 du 2 juin 1996, les dispositions de l'avenant n° 20 *bis* du 6 novembre 2001 modifiant et complétant les dispositions de l'avenant n° 20 du 29 novembre 2000 à la convention collective susvisée, relatif à l'aménagement et à la réduction du temps de travail à la convention collective susvisée.

L'article 2 est étendu sous réserve de l'application des dispositions de l'article 32 de la loi n° 2000-37 du 19 janvier 2000, selon lesquelles les salariés bénéficient d'un maintien du niveau de leur rémunération lors de la mise en œuvre de la réduction du temps de travail.

L'article 3 est étendu sous réserve qu'un accord complémentaire de branche étendu ou d'entreprise fixe, lorsque le délai de prévenance légal est abaissé en deçà de 7 jours, le nouveau délai de prévenance applicable en cas de modification des dates fixées pour la prise des jours de repos, conformément aux dispositions de l'article L. 212-9 (II) du code du travail.

L'article 4 est étendu sous réserve que, conformément aux dispositions de l'article L. 212-8 du code du travail, un accord complémentaire de branche étendu ou d'entreprise détermine le droit à repos compensateur des salariés n'ayant pas travaillé pendant la totalité de la période de modulation et des salariés dont le contrat de travail a été rompu au cours de cette même période.

La dernière phrase du cinquième alinéa de l'article 4 est étendue sous réserve de l'application des dispositions des articles L. 145-2 et R. 145-2 du code du travail, qui précisent les conditions dans lesquelles est déterminée la fraction saisissable de la rémunération.

L'article 5 est étendu sous réserve que, conformément au II de l'article L. 212-15-3 du code du travail, un accord complémentaire de branche étendu ou d'entreprise fixe la durée annuelle sur laquelle le forfait est établi.

. . . .

ARRÊTÉ DU 26 MARS 2003

portant extension d'un avenant à un accord national professionnel conclu dans les secteurs de l'immobilier et de la promotion-construction

(*Journal officiel* du 4 avril 2003)

Article 1er

Sont rendues obligatoires, pour tous les employeurs et tous les salariés compris dans le champ d'application de l'accord national professionnel du 22 décembre 1998 susvisé portant renouvellement de la Commission paritaire nationale de l'emploi et de la formation professionnelle et portant organisation de la collecte et de l'emploi des contributions de formation conclu dans les secteurs de l'immobilier et de la promotion-construction, les dispositions de l'avenant no 2 du 2 décembre 2002 à l'accord national professionnel susvisé.

L'article 3 est étendu sous réserve de l'application des dispositions :

- de l'article L. 952-2 du code du travail qui prévoient que les sommes versées au titre du plan de formation par les employeurs occupant moins de dix salariés sont mutualisées dès réception et que leur gestion s'effectue dans le cadre d'une section unique de l'organisme agréé ;
- de l'article R. 964-1-4 du même code qui précisent que l'existence des sections professionnelles ne doit pas faire obstacle à ce que les fonds perçus auprès de l'ensemble des entreprises par l'organisme collecteur paritaire soient mutualisés avant la clôture de l'exercice comptable qui suit les versements et au plus tard avant le 31 décembre de chaque année.

. . . .

ARRÊTÉ DU 13 FÉVRIER 2004

portant extension d'un avenant à la convention collective nationale de l'immobilier (n° 1527)

(*Journal officiel* du 24 février 2004)

Article 1er

Sont rendues obligatoires, pour tous les employeurs et tous les salariés compris dans le champ d'application de la convention collective nationale de l'immobilier, modifié par l'avenant n° 3 du 27 octobre 1989 tel qu'étendu par arrêté du 20 avril 1990, et par l'avenant n° 14 du 2 juin 1996, les dispositions de l'avenant n° 25 du 14 novembre 2003 (Salaires) à la convention collective susvisée sous réserve de l'application des dispositions réglementaires portant fixation du salaire minimum de croissance et de l'article 32 de la loi n° 2000-37 du 19 janvier 2000 modifiée qui a instauré une garantie de rémunération mensuelle.

. . . .

ARRÊTÉ DU 8 JUIN 2004

portant extension d'un accord national professionnel conclu dans les secteurs de l'immobilier et de la promotion-construction

(*Journal officiel* du 18 juin 2004)

Article 1er

Sont rendues obligatoires, pour tous les employeurs et tous les salariés compris dans le champ d'application de l'accord national professionnel du 11 décembre 2002 portant création des certificats de qualification professionnelle des branches professionnelles de l'immobilier et de la promotion-construction, à l'exception du secteur de la construction des maisons individuelles, les dispositions dudit accord.

. . . .

ARRÊTÉ DU 22 OCTOBRE 2004

portant extension d'un avenant à un accord national professionnel conclu dans les secteurs de l'immobilier et de la promotion-construction (nos 1527, 1512)

(*Journal officiel* du 5 novembre 2004)

Article 1er

Sont rendues obligatoires, pour tous les employeurs et tous les salariés compris dans le champ d'application de l'accord national professionnel du 11 décembre 2002 portant création des certificats de qualification professionnelle des branches professionnelles de l'immobilier et de la promotion-construction tel qu'étendu par l'arrêté du 8 juin 2004, les dispositions de l'avenant no 1 du 1er avril 2004 portant création d'un nouveau certificat de qualification professionnelle à l'accord national professionnel susvisé.

. . . .

ARRÊTÉ DU 2 MARS 2005

portant extension d'un avenant à un accord national professionnel conclu dans les secteurs de l'immobilier et de la promotion-construction

(*Journal officiel* du 12 mars 2005)

Article 1er

Sont rendues obligatoires, pour tous les employeurs et tous les salariés compris dans le champ d'application de l'accord national professionnel du 22 décembre 1998 susvisé portant renouvellement de la commission paritaire nationale de l'emploi et de la formation professionnelle et portant organisation de la collecte et de l'emploi des contributions de formation conclu dans les secteurs de l'immobilier et de la promotion-construction, les dispositions de l'avenant n° 3 du 15 septembre 2004 à l'accord national professionnel susvisé.

. . . .

ARRÊTÉ DU 13 AVRIL 2005

portant extension d'un avenant à la convention collective nationale de l'immobilier (n° 1527)

(*Journal officiel* du 27 avril 2005)

Le ministre de l'emploi, du travail et de la cohésion sociale,

Vu les articles L. 133-1 et suivants du code du travail ;

Vu l'arrêté du 24 février 1989 et les arrêtés successifs, notamment l'arrêté du 13 février 2004, portant extension de la convention collective nationale des cabinets d'administrateurs de biens et des sociétés immobilières, mise à jour au 9 septembre 1988, et des textes la modifiant ou la complétant, notamment l'avenant n° 3 du 27 octobre 1989 la transformant en convention collective nationale de l'immobilier ;

Vu l'avenant n° 26 du 22 mars 2004 portant actualisation de la convention collective susvisée ;

Vu la demande d'extension présentée par les organisations signataires ;

Vu l'avis publié au *Journal officiel* du 25 juillet 2004 ;

Vu les avis recueillis au cours de l'enquête ;

Vu l'avis motivé de la Commission nationale de la négociation collective (sous-commission des conventions et accords), rendu en séance du 7 février 2005,

Arrête :

Article 1er

Sont rendues obligatoires, pour tous les employeurs et tous les salariés compris dans le champ d'application de la convention collective nationale de l'immobilier, modifié par l'avenant no 3 du 27 octobre 1989, tel qu'étendu par arrêté du 20 avril 1990, et par l'avenant no 14 du 2 juin 1996, les dispositions de l'avenant no 26 du 22 mars 2004 portant actualisation de la convention collective susvisée, à l'exclusion de l'article 19.7.2 (Astreinte), comme étant contraire au deuxième alinéa de l'article L. 212-4 *bis* du code du travail, et des termes : « au moins une fois par an » du troisième alinéa de l'article 12 (Médecine du travail), comme n'étant pas conformes à l'article R. 241-49 du code du travail dans sa rédaction issue du décret no 2004-760 du 28 juillet 2004.

Le troisième alinéa de l'article 12 (Médecine du travail) est étendu sous réserve de l'application des dispositions du deuxième alinéa du I de l'article R. 241-48 du code du travail.

Le troisième alinéa de l'article 12 précité est étendu sous réserve qu'en application de l'article R. 241-51 du code du travail les absences répétées soient uniquement fondées sur des raisons de santé.

Le quatrième alinéa de l'article 13.2 (relatif à la période d'essai) est étendu sous réserve qu'en application des dispositions de l'article L. 122-3-2 du code du travail les dispositions relatives au renouvellement de la période d'essai ne puissent concerner que les contrats à durée indéterminée.

Le dernier alinéa de l'article 19.7.3 (Travail de nuit) est étendu sous réserve de l'application des dispositions de l'article R. 213-4 du code du travail.

L'accord est étendu sous réserve de l'application des articles L. 213-1 à L. 213-4 du code du travail selon lesquels la mise en place dans une entreprise ou un établissement du travail de nuit au sens de l'article L. 213-2 ou son extension à de nouvelles catégories de salariés est subordonnée à la conclusion d'un accord de branche étendu ou d'un accord d'entreprise ou d'établissement qui doit contenir l'ensemble des clauses définies à l'article L. 213-4 précité.

L'article 37 (Valeur du point - salaire mensuel minimal) est étendu sous réserve de l'application des dispositions du premier alinéa de l'article L. 144-2 du code du travail.

. . . .

ARRÊTÉ DU 6 DÉCEMBRE 2005

portant extension d'un avenant à la convention collective nationale de l'immobilier

(*Journal officiel* du 16 décembre 2005)

Article 1er

Sont rendues obligatoires, pour tous les employeurs et tous les salariés compris dans le champ d'application de la convention collective nationale de l'immobilier, modifié par l'avenant n° 3 du 27 octobre 1989, tel qu'étendu par arrêté du 20 avril 1990, et par l'avenant n° 14 du 2 juin 1996, les dispositions de l'avenant n° 28 du 6 juillet 2005, relatif aux salaires, à la convention collective nationale susvisée, sous réserve des dispositions réglementaires portant fixation du salaire minimum interprofessionnel de croissance.

. . . .

ARRÊTÉ DU 25 JANVIER 2006

portant extension d'un avenant à la convention collective nationale de l'immobilier (n° 1527)

(*Journal officiel* du 4 février 2006)

Article 1er

Sont rendues obligatoires, pour tous les employeurs et tous les salariés compris dans le champ d'application de la convention collective nationale de l'immobilier, modifié par l'avenant n° 3 du 27 octobre 1989, tel qu'étendu par l'arrêté du 20 avril 1990 et par l'avenant n° 26 du 22 mars 2004, les dispositions de l'avenant n° 27 du 30 mai 2005, relatif à la mise en œuvre de l'avenant n° 26, à la convention collective nationale susvisée.

ARRÊTÉ DU 29 MARS 2006

portant extension d'un avenant à la convention collective nationale de l'immobilier (n° 1527)

(*Journal officiel* du 5 avril 2006)

Article 1er

Sont rendues obligatoires, pour tous les employeurs et tous les salariés compris dans le champ d'application de la convention collective nationale de l'immobilier, modifié par l'avenant n° 3 du 27 octobre 1989, tel qu'étendu par l'arrêté du 20 avril 1990, et par l'avenant n° 26 du 22 mars 2004, les dispositions de l'avenant n° 29 du 23 septembre 2005, relatif à la mise à la retraite, à la convention collective nationale susvisée.

. . . .

Imprimerie des Journaux officiels, 26, rue Desaix, 75727 PARIS CEDEX 15.
Edition : mars 2006.
Dépôt légal : avril 2006.